知の越境法

「質問力」を磨く

池上彰

光文社新書

はじめに

世の中には、さまざまな分野に関して、多くの専門家がいます。でも、そうした専門分野を包括する、いわば〝串刺し〟にする人は少ないのではないでしょうか。国際情勢の専門家も、アメリカの専門家、ロシアの専門家、ＥＵ（欧州連合）の専門家、中東の専門家など、地域・国別に分かれています。

それればかりではなく、ＥＵでもフランスの専門家、ドイツの専門家と細分化されています。たとえばドイツの専門家がフランス政治について語ると、「越境している」あるいは「領空侵犯」と批判されがちです。

その点、私は専門家ではありません。専門家でないということは恐れを知らないということ。フランスについてもドイツについても、アメリカについても語ったり書いたりしています。まさに「越境」を繰り返してきたのです。

きっと専門家の皆さんからは、「なんであいつが、こんなことを語るのだ」と思われているのではないかと身が細る思いです（実際には胴回りは拡大中ですが）。

でも、この「越境」は、自発的に「越境」したのではありません。やむをえず、受け身の「越境」を繰り返しているうちに、こんなに各方面について語る立場になってしまった気がします。

この本を書くに当たって、改めて自分の過去を棚卸ししてみると、意外と越境の人生だったことに気づきました。それも「受け身の越境」のほうが「自発的な越境」より多かったのです。「受け身の越境」というと、仕事の上では「左遷」と表現されることが多いでしょう。でも、「左遷」だと思えば左遷になるし、「絶好の越境のチャンス」と考えれば、業務分担の壁を軽やかに飛び越えることができるのではないかと思うのです。

年齢を重ねるほどに越境の機会が減ります。黙っていても減るわけですから、無理にでもその機会を作る必要があります。読者のあなたにそれを促そうというのが、本書の目的です。自分にとって異なる文化と接すること。自分が属している組織に異質な存在を送り込むこと。それによって多様性を生み出すこと。

自分を、そして組織を活性化するには、それが必要なのではないでしょうか。

越境の意味はそこにあると考えます。進歩が止まった、どうも淀みがちだ、すっきりしない――そう思ったときに、ちょっといつもの道を外れ、隣の道を進んでみる。角度が変わっただけで風景が違って見えます。

残念ながら、現実には自分の枠を越えようとしない人が増えている印象です。目の前の高い壁を乗り越えるのは大変でも、自分の横にある壁は、簡単に飛び越えることができるかもしれません。前の壁を越えるのではなく、隣へ越境してみよう。これが、「越境のススメ」なのです。

目次

第2章　私はこうして越境してきた

第5章 「越境」の醍醐味

第6章　越境のための質問力を磨く

終章　越境＝左遷論

取材・構成／木村隆司

第1章

「越境する人間」の時代

1　「知の越境者」が求められている

一番大きな越境

日本では何か一つのことに一生を捧げたとか、脇目も振らずに一つのことに邁進《まいしん》した人とかを高く評価する傾向があります。その一方、あちこちと手を出した人間は、浮気性の人間、腰の軽い人間として冷たくあしらわれ、なにかと肩身が狭い。

ナチスドイツとの戦いのときにイギリスの首相を務め、国民を激励したチャーチルは、若いころ、戦地に出かけては記事を書いたり、本を書いたりしていた人間です。

彼には特派員、軍人、国会議員、首相、演説家、画家、作家などの経歴があります。首相退任後はノーベル文学賞を受賞しています。まさしく〝越境〟に生きた人といえます。彼の活動の〝エネルギー保存の法則〟はふるっていて、「座れるときは決して立ってはいけない。

横になれるときは決して座ってはいけない」と語っています。人を食った彼の一面がよく表れています。

彼が日本に生まれていたら、さてどうだったろうと考えます。

確かに日本にも、アメリカで奴隷にまでなって、後に官僚になりながら鉱山事業で借金を抱え、はては大蔵大臣の地位に昇り、軍と闘って緊縮財政を貫いた高橋是清のような異端児はいますが、極めて少数派と言っていいでしょう。

いろんなことに興味を持って手を出すことで、多様な経験を積み重ねていく。それが、その人の成長につながっていくのです。

私がＮＨＫを辞めたきっかけは、〝一貫性のなさ〟に原因がありました。思わぬ越境になってしまったのです。

私は50歳を過ぎてから、当時担当していた「週刊こどもニュース」のお父さん役を終えたあとは、解説委員となって定年を迎え、どこかの大学で少数の学生たちを教えて静かに暮らす人生を勝手に夢見ていました。

テレビ局では、ふつうは40代でデスクになり現場には出なくなります。デスクとは机のこと。要するに机に向かって若い記者が書いた原稿を直すのが仕事です。それが50歳ぐらいになると所属する部の部長になったり、あるいは地方の放送局長となったりして転出していきます。

私は小学生のころから記者になりたいと思っていましたから、現場に出られない、記事が書けない、というのは考えられませんでした。部長職も、地方の放送局長も私の選択肢には入っていませんでした。ＮＨＫでずっと取材現場にいられるのは解説委員だけ。そこでキャスターを担当しながらも解説委員への異動願いを出していました。テレビ局の解説委員は、新聞だと編集委員や論説委員に相当します。

ちなみにＮＨＫも民放も放送局には論説委員がいません。なぜか。論説委員は、何かを主張する人です。新聞社は民間企業ですから、社としてどんな主張をしても構いません。ところが放送局は公共の電波を使っているので、特定の主張をするわけにはいかないのです。そこで、ニュースを解説する解説委員という職種になるというわけです。

ＮＨＫの解説委員は総勢で約40人。それぞれがアメリカや原発や中東などの専門分野を持ち、自分のテーマを追って取材ができます。その結果を、解説番組で解説するのです。

私はＮＨＫ入社後、松江、呉での勤務を経て、東京の社会部で10年勤務しました。その後、キャスターとして「首都圏ニュース」を5年、「週刊こどもニュース」のお父さん役を11年担当。その間、早くキャスターを辞めて、解説委員になりたい、と思っていました。

ＮＨＫでは、毎年、人事考課表に今後の異動希望先を書く欄があります。私はそこに毎年「解説委員希望」と書いて出していました。すると、あるとき廊下で解説委員長に呼び止められたのです。

「君は解説委員になりたいという希望を出しているけど、それは無理だな。解説委員には何か一つ専門分野がなければ。君には、専門分野がないだろう」

ＮＨＫでの人生設計が潰《つい》えた瞬間でした。

私は図らずも会社の都合で専門性を持つことがなかったわけで（それはそれで楽しんだのですが）、それなのに、「専門性がない」とは。解説委員になれば、それなりのレベルのことができるという自負はありました。いや、専門家に勝てないまでも、渡り合えることはできるだろう、との思いがありました。

しかし、解説委員室への扉は閉じられました。

では、私の強みとは何だろう、と考え直しました。弱点と思われたことが実は強みだった、ということはよくあることで、私はその専門性のなさ＝幅広く何でも知っている、というのが他人と違うところではないか、と気がつきました。

地方勤務では警察署や県警本部、検察庁、裁判所を回りました。刑事訴訟法などを勉強したのも、このころのことです。市役所や県庁、日銀支店も担当しました。自ら希望を出し、カメラを担いで現場に出る通信部記者になりました。その間、ロッキード事件やダグラス・グラマン事件の応援に東京へと駆り出され、社会部の仕事に目覚めました。将来の勤務先として社会部を意識するようになります。

やがて東京に呼び戻され、警視庁詰めとなって、殺人事件を追いました。その後は社会部の遊軍（記者クラブに所属せずに自由にテーマを追って取材する部署）勤務となり、気象庁や東京大学地震研究所を回ったり、消費者団体を取材したりという仕事に就きました。

その間、突然に「NHK特集」（現在のNHKスペシャル）でエイズ問題を取材したり、教育問題を担当したり。それがきっかけとなって、文部省（現在の文部科学省）の記者クラブに配属となり、いじめ問題や教育改革、大学入試制度改革などを取材しました。さらに昭和の終わりには宮内庁も担当しました。私の仕事の歴史は、さながら越境の歴史です。

この経歴だけで異色かもしれませんが、社会部記者からキャスターに転身し、「週刊こどもニュース」では、国内問題から国際問題、政治から経済まで幅広く説明困難なニュースを扱いました。

こうした仕事をしているうちに、「分かりやすく伝える」という技術を少しずつ身につけることができました。これは「首都圏ニュース」でしゃべるのが仕事となってからのことです。

それまでの記者時代、他社が知らない特ダネを書くことばかりを考え、分かりやすさを意識したことはありませんでした。しかし、キャスターになり、とりわけ「週刊こどもニュース」を担当するとなると、「分かりやすさ」を徹底するしかありません。

ある程度の専門性を持ちながらも、多分野にわたり、基礎・基本から分かりやすく解説する――それが私のスタイルだと気づきました。「ニッチな分野が見つかった」という感触がありました。ニッチとは隙間のこと。この分野なら、一人ぐらいは食べていける仕事があるだろうと思うようになりました。当時、本を書く仕事が少しずつ来るようになったことから、記者としての基本である書く仕事に専念しようと思い、54歳でＮＨＫを辞めました。

年齢から言っても大胆な決断だったかもしれませんが、やっと取材と原稿書きの仕事に戻れる、という安堵感がありました。長い宮仕えから解放されて自由の身になった、という解放感もありました。

小さな越境と中ぐらいの越境を繰り返しながら、とうとう定年を前に一番大きな越境を果たしました――フリージャーナリストになったのです。

トランプをどう見るか

日本には何にでも専門家がいます。場合によっては、その専門がさらに細分化されます。中東の専門家といっても、イランが専門であったり、イラクが専門だったりします。よく指摘される学問の〝タコツボ化〟です。

そこにトランプ米新大統領が登場すると、日本はもちろん南米、中東から中国、ソ連、EUにまで影響が及びます。いったい世界はどうなるのか、と戦々恐々です。トランプをめぐるニュースが急速に増えますが、広い地域とテーマにわたって、その間をいわば串刺しにして語れる人は、なかなかいないように見えました。

2017年1月20日がトランプの就任式でした。日本時間21日の午前2時から3時までその様子がテレビで生放送されましたが、その朝の9時から11時まで、NHKラジオでアメリカ、中国、ドイツの専門家をスタジオに招き、私が全体を仕切るかたちでトランプ時代の世界について語り合いました。

私のトランプ観は次のようなものです。私はトランプの自伝やワシントンポスト取材班によるトランプについての本などを読み、２０１６年に行われたアメリカでの予備選挙の取材も重ねながら、「ディール（交渉、取引）の人」だという印象を強くしました。交渉、取引を中心に考えるビジネスマンが大統領職に就いた、という判断です。

儲けることの上手なビジネスマンなら政治もうまく動かすことができるだろうと考えた人たちが、トランプに投票したのです。

ディールですから、そこに哲学があるわけではありません。いくらかでも得をしたほうが勝ち、という考え方です。

アメリカ政治の従来の枠組みでは捉えきれない人物が誕生したのです。いわば「アメリカ政治の素人」が大統領になったのですから、これまでのアメリカ政治の専門家にしても想定外の事態が頻発するでしょう。そんなときには、私の解説の出番もあることでしょう。

専門家と渡り合うには

私はいろいろな分野の本を出したり、専門家と対談したり。そこで、こんな質問をされたことがありました。

「専門家と渡り合えるところまで来たな、と自分で思えるのは、どういうときか」

思わぬ質問です。「いい質問」ですね。私が「いい質問」だと思うのは、予想外の質問によって、自分の中で新たな着想や見解、自己分析が生まれるときです。

これまで考えたことはなかったのですが、この質問をきっかけに考えることになりました。そこで気づいたこと。それは、専門用語を使って説明する専門家の言葉を、瞬時に小学生に分かる言葉に〝翻訳〟して説明できることです。

あるいは、専門家にとって想定外の質問をしたことで、専門家がこれまで発言したことのない内容を引き出すことに成功したときです。私の質問を境に、相手の反応が生き生きとしてきたり、話の展開に弾みがついたりすると、「ちょっとは渡り合えたかな」と思います。

もちろん専門家は、海上に出た氷山のほんの一部分でしか反応していないかもしれませんが、質問次第ではもう少し深いところで答えてくれる可能性があります。それができたときは、正直「やった！」と思います。

その人の話す意味を翻訳できる、いい質問ができる、という経験が増えるほどに、自信がついていきます。それは越境の自信です。

テーマによっては専門家と渡り合えるな、と感じることができるようになったのは、過去の経験があるからです。ＮＨＫの首都圏ニュースのキャスター時代に、雑誌にニュースを解説する連載を持っていたこと。「週刊こどもニュース」を担当して、毎週必死になってあらゆるニュースの背景について勉強したこと。『コーラン』日本語訳を読んだのも、このときです。

ＮＨＫを辞め、フリーランスとなってから週刊誌の連載や本を書く機会が増え、必死になって勉強してきたこと。その蓄積が、いまの私を支えています。

私の人生の転機になったのは、『そうだったのか！ 現代史』（現在は集英社文庫）を書いたことでしょう。集英社の子会社のホーム社の知り合いの編集者に、「ニュースの背後にある現代史の本を書きたいのです」と提案して実現しました。当初はホーム社発行・集英社発売という形でした。現在は、その後の動きを追加して集英社文庫となり、いまも版を重ねています。

いまのニュースを理解するためには、少し前の歴史を知らなければならない。それが現代史です。学校で習う歴史は、縄文時代や弥生時代、ギリシャ・ローマ時代について時間をかけ、結局、第二次世界大戦以降についてはほとんど取り上げることがありません。その隙間に需要があると思ったのです。

きっかけは、１９９６年、台湾の李登輝総統が直接選挙で総統を選ぶ方式を導入したことです。「台湾の独立につながりかねない」と危惧した中国は、台湾周辺で軍事演習を開始して、選挙を牽制しました。このニュースを見た「こどもニュース」のスタッフが、「中国と台湾はどうして仲が悪いのですか？」と私に尋ねたのです。

これは目からウロコでした。そうか。いまの若い人たちは、台湾の歴史を知らないのか。中国大陸での国共内戦に敗れた国民党が台湾に逃れ、大陸を統治することになった共産党と対峙してきた歴史を知らないから、こういう質問になるのだ。こうした素朴な質問に答える本は読まれるのではないか。こう考えたのです。

しかし、実際に書き始めてみると、大変です。ニュースの背景の現代史といえば、中国・台湾の歴史だけではありません。中東問題しかり、ＥＵしかり、朝鮮半島しかり。そうしたテーマごとに章立てをして書くことになります。

執筆のために読む参考図書は膨大な量になりました。集英社文庫の巻末に掲載された主要参考文献の数は１３１冊です。

これだけの資料を読んでも、全体をつなげるストーリーがないと一冊のまとまりがつきません。しかも、ふだんから溜め込んでいる多様な情報がないと、文章の間が埋まっていきません。一冊の本というのは、そうやってでき上がります。

この本を書いたことで、中東問題から旧ユーゴ紛争、ソ連崩壊などを一応のレベルで語ることができるようになりました。

まずは本を読むこと

私はいまアメリカを題材にテレビなどで解説することも多くなりました。そこには、『そうだったのか！　アメリカ』を執筆した経験が生きています。こちらの主要参考文献のリストは１４６冊です。

多様なアメリカをどう一冊の本にまとめるか。次々に読んでいくと、アメリカの宗教大国の一面が見えてきます。アメリカはキリスト教徒が建国しました。その歴史が、いまのアメリカの性格を規定しています。

アメリカで頻発する銃の乱射事件。銃規制がなぜ進まないのか。これも歴史を見ることで、アメリカが「銃を持つ自由」を大切にしてきたことが分かります。

アメリカの歴史を単純に書くのではなく、ジャンルごとに章立てすることにより、いまのアメリカが見えてくる。こうしてアメリカ現代史がまとまりました。

ここでも膨大な書籍と格闘しました。そこで知ったこと。それは、どの分野にも「種本《たねぼん》」

の存在があるということです。同じテーマを扱った本を読んでいると、どの本にも必ずと言っていいほど引用される文献があることに気づきます。たいていの本はそれを参考に書かれているのです。それをピンポイントで見つけられるようになると、狙ったテーマに迫るスピードが格段に早くなります。後年、立花隆氏の本を読んでいたら、同じことが書かれていて、嬉しくなったのを覚えています。

企業コンサルタントも仕事の依頼があると、関連本を読み漁るそうです。彼らには流通、金融、不動産、製造業、とさまざまな業種の会社から相談が持ち込まれます。その業界で何が起きていて、問題は何で、これからどういう方向性が考えられるか、数冊の本を買い込んできて、下準備をしたうえで相手とのミーティングに向かうそうです。短期間で課題を見つけるには、やはり定番の本に当たるのが近道だと言います。

これは異分野に越境するときの正攻法です。

「セレンディピティ」を体験するには

書く本のテーマの切り口に思い至らず、書店の中をブラブラ歩いていると、向こうから本が呼びかけてくることがあります（思わぬ越境です）。数多い本の中で、そこだけ光っているのです。手に取ってみれば、次に私が取り組むべきテーマであることが分かります。こうした幸運の巡り合わせを「セレンディピティ」と言います。私にすればありがたい現象です。向こうからテーマが飛び込んでくるのですから。

『思考の整理学』の大ベストセラーを持つ外山滋比古《とやましげひこ》氏は、セレンディピティを「思いがけないことを発見する能力」と説明しています。特に「科学分野で失敗が思わぬ大発見につながったときに使われる」と付け加えています。

これは、ただブラブラ歩いていれば出合えるわけではありません。一生懸命にものごとを考えて、疲れ切った後に起きる現象です。考えることを止めた気になっていても、きっと脳が無意識に働いているのでしょう。寝ているあいだも、脳は課題を解いているとよくいわれますから。

アウトプットを意識する

さまざまな参考文献を読み解いても、自分の身につくかどうかは別問題です。そこで気づいたノウハウとは、「アウトプットを意識したインプット」でした。

あることを勉強しようとして、難しい本を一生懸命読む。「ああ、理解できた」と思っても、その内容を誰かに伝えようとすると、思うように説明できない。そんな経験はありませんか。自分が「理解できた」ということと、他人に説明できるくらいに「理解できた」ということの間には、大きな溝があるのです。

他人に説明できるまでに「理解できた」と言えるようになるためには、自分が学んだり見聞きしたりした内容をどう相手に伝えるかを常に意識することが重要です。

たとえばカール・マルクスの『資本論』、イスラム教の聖典『コーラン』。攻略は難攻不落に見えました。しかし、ある機会に読み通せたのです。

大学では経済学を専攻し、当然『資本論』に取り組みましたが、まったく歯が立ちませんでした。ところが、リーマン・ショックによって世界経済が不況のどん底に叩き込まれ、日本国内でも派遣切りが問題になったことで、『資本論』が見直されはじめました。そこで、『資本論』の解説書を書くことになりました。どうすれば、分かりやすい解説が可能か。さすがに小学生や中学生にも分かるようにするのは至難の業。そこで、せめて高校生についてきてもらえるレベルにしようと考えました。こうして生まれたのが『高校生からわかる「資本論」』（ホーム社発行・集英社発売）です。

これは、高校生たちを集めて、『資本論』の内容を逐一解説し、それを本に収録する形を取りました。

　マルクスが『資本論』で論じたのは「労働力の商品化」です。大人が普通に読んでも難しい思想を、どうすれば高校生に飲み込んでもらえるか。その問題意識を持って読み始めると、あら不思議。意外とスムーズにページをめくっていくことができたのです。と同時に、その内容を高校生に語ることで、自分の理解度も一層深まりました。そうか、先生たちは、生徒に教えることによって、自分が一番勉強しているのだ、ということにも気づきました。

　そして、『コーラン』。これも難物です。ここには、アッラー（神）が預言者ムハンマドに伝えたという内容が羅列されています。たとえば『旧約聖書』なら物語が中心ですし、『新約聖書』はイエスの言行録が中心です。それぞれストーリーがありますが、『コーラン』はそうはいきません。なかなか読み通せなかったのですが、２００１年9月11日に起きたアメリカ同時多発テロが転機でした。イスラム過激派は、なぜあのようなことをしたのか。ＮＨＫの「週刊こどもニュース」で解説することになりました。そのためには、そもそもイスラム教のことを知らなければなりません。その責任感から『コーラン』に取り組みました。「この部分を、日本のこどもたちは理解できるだろうか。ここはユダヤ教やキリスト教との関連で取り上げたほうがいいのではないか。そもそも預言者とはどんな存在なのかというところから説明したほうがいいだろう」などと問題意識を持って読み進めると、興味が湧いて、ついに読破できたのです。

これ以降、イスラム教が関係するニュースが起きるたびに、「イスラム教徒ならこういう反応をするだろう」と納得あるいは予測できるようになりました。

小学生に分かってもらわなければならない。極めて具体的な目標を立てたことで、自分の理解が進んだのです。これがアウトプットを意識したインプットの意味です。

私にとって「週刊こどもニュース」とは、根本から知のあり方を洗い直された取り組みでした。大人でも分かりにくいニュースをこどもが分かるように伝えるには、普通の認識ではまったく間に合いません。核心まで届いていないと、シンプルに説明できないのです。

「日銀が」と言えば、「日銀ってなに？」と来ます。「インフレ」という言葉を使おうものなら大変です。自分の持っている知識を一度棚卸しして、ゼロから立て直す気でないと、必ず突っ込みが入ります。こどもというのは勘の鋭い存在です。こちらの曖昧なところは決して見逃しません。

したがって、かなり踏み込んで勉強をした場合でも、もう一度それでいいのかと検証する癖が身につきました。これではまだこどもを納得させることはできない、と思ったら、違う角度から捉え直します。物事の本質に至ってこそ、こどもに頷いてもらえる説明ができるのです。

この方式は、あなたにもお勧めします。獲得した知を自分のものだけに終わらせず、自分のこどもに説明する、祖父や祖母に語って聞かせる、会社の同僚や後輩に解説する。これをやってみると、奇跡が起きます。うまく説明するのは、越境のいい訓練になるのです。

より分かりやすく

私は、日々起こるニュース全般を扱うのが主な仕事です。国内、国際を問わずトピックとなるニュースの解説に加えて、その歴史的な背景や、理論的な部分まで説明するようにしています。

たとえばトランプ大統領が就任後、矢継ぎ早に出した大統領令とは何かをテレビ番組で説明したときのこと。大統領令は法律ではありません。つまり、国民一般に対する命令ではありません。あくまで行政の長として、国家公務員たちに対して出した命令です。となると、大統領と議会の関係を説明しないことには先に進めません。さらに大統領というのはどういう存在か説明するとなれば、ほかの国との違いも説明したほうが、より理解しやすくなります。

フランスやロシア、韓国には大統領がいますが、首相も存在します。この場合、大統領は国家元首で、首相が行政の長です。ところがアメリカは大統領だけで首相は存在しません。アメリカ大統領は、国家元首であると同時に行政の長でもあるという稀有な存在なのです。

では、大統領制ではない日本はどうか。日本の「国家元首」は誰なのか。こういう疑問がこどもたちから投げかけられそうです。それに答えられるようにするためには、日本の仕組みを学ばなければなりません。こうして分かりやすく説明しようとすることで、自分の理解も進みます。ちなみに、日本の国家元首については、憲法にも法律にも明文規定がありませんが、海外からは天皇がそれとして扱われます。

「週刊こどもニュース」で鍛えられたおかげで、「なるべく分かりやすく」とともに、常に基本に立ち返るというのが習慣になりました。そのせいか、人の知らないこと、曖昧にすませていることに気づくことが多くなりました。

もう一ついえば、基本や原点に帰ると、応用が幅広くできる、ということがあります。この本のテーマでいえば、越境がしやすくなる、ということです。

たとえば先の大統領令の話でいえば、その効力だけを論じていれば、そこで終わってしまいますが、各国がとっている政治体制にまで遡れば、幅広く民主主義のあり方まで視聴者に考えてもらうことができます。

原点から考える

テレビや活字でニュースを解説する際、特に重視しているのは「原点に帰る」ということです。あらゆる出来事を基本に立ち返って考えるということです。これにより、物事の本質が見えてくることがあるからです。

たとえば、北朝鮮の国名は「朝鮮民主主義人民共和国」です。実に悪い冗談です。「民主主義」でも「人民」のものでも「共和国」でもないというのが実態だからです。

もしその国が民主主義の国であれば、わざわざ「民主主義」と名乗るでしょうか。民主主義の国ではないからこそ、「我が国は民主主義の国です」とアピールしたいのでしょう。「共和国」とは、人々の選挙で選ばれた人が政治をする体制のこと。王政ではない、という意味です。でも、北朝鮮のトップは金正日《キムジョンイル》にしても金正恩《キムジョンウン》にしても世襲です。おかしな話ですが、「共和国」と名乗っている以上、「リーダーは選挙で選ばれた」という形式が必要になります。そこで、北朝鮮でも「選挙」はあるのです。

ただし、そこにはカラクリがあります。同国は小選挙区制で、日本と同じように各選挙区から一人だけ当選するのですが、立候補者は一人だけ。つまり信任投票と同じです。投票所で投票用紙を渡され、立候補者を支持する場合は、そのまま投票箱に入れます。支持しない場合は、記載台があって、鉛筆で×をつけてから投票をするようになっています。

それを立会人が見ていますから、投票所を出たあとどうなるか分かりません。かくして賛成票ばかりになります。

そうなると投票に行きたくなくなりますが、棄権をすると、「信任票を投じたくなかったのだな」と思われ（その通りなのですが）、命の危険が生じます。全員が無理して投票するので、投票率はいつも１００％になるのです。

こうして「人民の圧倒的な支持にもとづく政権」という虚構が成立します。

そういえば、国名に「人民共和国」とある国が、日本の近くにありますね。「中華人民共和国」です。ここも、「人民によって支持された政権」という虚構があります。なにせ一般国民は選挙で自分たちの代表を選ぶことができないのですから。

この国では、共産党から指名された人が全国人民代表大会に出席し、共産党の方針に賛成する、という形をとっています。「共産党は全人民から支持されている」という虚構があるからです。

東西冷戦時代に存在した東ドイツの正式名称は「ドイツ民主共和国」。これも虚構でした。国名にわざわざ「民主」や「人民」という言葉を入れた国は、わざわざアピールしなければいけない国なのだと考えたほうがいいですね。

北朝鮮の不思議な国名を取り上げることで、そもそも民主主義とは何かという原点に立ち返ることができます。「選挙」があれば、それですぐに民主主義国家といえるわけではないこと。選挙の実態を見てこそ、その国の民主主義のレベルが分かるのです。

2　政治と経済の越境

グローバル化の進展

私がＮＨＫを辞めた２００５年も、世界ではさまざまな出来事がありました。

2月に地球温暖化対策のための京都議定書が発効。3月に島根県議会で「竹島の日」の条例が成立し、月末にスマトラ島沖地震が起きました。

7月、サミットが開催されたイギリスのロンドンで同時爆破事件が発生。死者55人、負傷者は1000人以上の惨事となっています。

8月、ハリケーン「カトリーナ」が米国南部を襲い、約1200人の死者が出ました。対応のまずさからブッシュ政権への痛手となりました。10月、インドネシア・バリ島で爆弾テロが起きます。

10年以上前のことですが、いま起きていることとあまり変わりません。しかし、それまで国際ニュースがかくも日々の関心事になることはあったでしょうか。このころから国際ニュースが大きく取り上げられるようになったのです。ブレグジット（Brexit、イギリスのEU離脱）があれほど国民の関心を呼ぶなど、以前なら考えられないことでした。それだけグローバル化が進み、ニュースもボーダーレスになったということでしょう。

その淵源はどこにあったのかと考えると、1991年の湾岸戦争ではないかと思います。日本は多国籍軍に約130億ドル（約1兆5000億円）もの資金を拠出しました。それなのに戦後、クウェートが世界の主要な新聞に掲載した「感謝広告」に日本の名はありませんでした。

資金を出すだけでは感謝してもらえない。実際に汗を（場合によっては血も）流さないと、相手の国に感謝してもらえない、もっと実のある貢献ができないか、と日本で大論争が起きました。

同年にはソ連邦が崩壊し、冷戦時代に幕を閉じました。第二次世界大戦後の世界秩序が音を立てて崩れていく。私たちは、それを実感することになりました。

新世界秩序の中で、日本にできることは何か。侃々《かんかん》諤々《がくがく》の議論の末、ＰＫＯ協力法が成立したのが１９９２年でした。その年に停戦合意が成立したカンボジアに自衛隊が派遣され、道路の補修などに当たりました。

その後も自衛隊はたびたび海外に派遣されますが、やがて自衛隊にどこまでのことができるか、という議論が巻き起こります。

自衛隊は憲法の規定で、海外での戦闘行為に関わることができません。自衛隊が武装集団に襲撃されたら、自衛のために応戦することは可能ですが、自衛隊の近くに展開している他国の軍隊が襲われたりした場合、自衛隊はどうするのか、というわけです。

これも国会での大議論の末、ＰＫＯで派遣された自衛隊は他国の軍隊の防護が可能になりました。しかし、2011年より自衛隊が派遣されたアフリカ・南スーダンで大統領派と副大統領派の衝突が起きると、自衛隊を撤退させるべきかどうかが問題になります。安倍政権は、自衛隊の日報に「戦闘」という言葉が入っていたのに、これを「衝突」と強弁しました。戦闘だと認めたら、自衛隊を撤収せざるをえなくなるからです。

結局、南スーダンでの所定の任務を終了したという理屈で2017年5月に自衛隊を撤退させました。自衛隊が海外に行けば、人命の危機に直面する。世界の現実を知ることになりました。

国際秩序を大きく変えることになったのは、やはり2001年9月11日に起きたアメリカ同時多発テロでしょう。世界は二大大国の対立構造から、混沌とした「テロの時代」に突入しました。

私が転身を決意したころと、日本におけるグローバル化の進展はちょうどクロスしていたのだと思います。それは、フリーランスとなって以降、国際問題を解説するテレビ番組が途切れなく続いていることから実感します。

ものごとは単一の要因だけで起きるものでもないし、単一の影響で終わるものでもありません。それゆえに、複雑な意味を解きほぐす「越境の人間」が求められるようになったのかもしれません。

自分の「核」となるもの

「知の越境」の醍醐味は、自分の知らないことに出合うことですが、こちらに「核」のようなものがあったほうが、一層、越境は面白くなります。自分にとっての新しい世界に接したときの化学反応がより大きくなるからです。

その核とは私の場合、経済学と現代史だろうと思います。経済は大学での専攻だったこと、その後に勉強した蓄積もあって、自分の拠り所の一つになっている気がします。

現代史も自分で勉強をしているうちに、得意分野になりました。本を書いたり、番組で解説したりすることで、自分の身になっていったのです。

正直なところをいえば、高校時代、世界史は大の苦手で、大学受験でも世界史は選択しませんでした。多数の固有名詞と年号の氾濫にしか見えなかったのです。しかし、現代に生起するさまざまなニュースの背景となる歴史を勉強しているうちに、歴史とは暗記科目ではないことに気づきます。歴史とは、さまざまな事象が積み重なる因果関係なのです。

私が言う現代史の「現代」とは、第二次世界大戦後からいまに至る歴史のことです。これまでの学校では、「現代史」が欠けていました。かつては「現代史」といえば、せいぜい第二次世界大戦終結のころまでです。大学入試にも出ないので、先生も「残りは教科書を読んでおけ」とすませていることがほとんどでした。

その結果、現代につながる中東問題や核危機などの経緯を知らない人たちばかりになりました。それでは困る。私がいま各大学で現代史を教えるようになったのは、その危機意識からですし、現代史の勉強の積み重ねが大学で教えることの基盤になっています。

かつての殺人事件専門記者や消費者問題担当記者、教育問題担当記者が、大学で経済学や現代史を教える。不思議なめぐりあわせですが、これこそ「越境」の結果でしょう。

政治と経済は表裏一体

日々のニュースを理解するためには、経済と政治をリンクさせて（越境して）考える必要があります。

たとえば、毎日、円が高くなった安くなった、トランプの政策が失敗したから円高で株安になったなど、経済と政治、国際情勢の話をつなげて語られることは非常に多い。つまり現代の政治は経済学的な常識がないとなかなか理解しにくいし、逆もまたしかりです。「週刊こどもニュース」のようなこども向けの番組でも、政治と経済は二大トピックになりました。番組で日本の財政の説明をしたとき、日本の政府はお金がないので、国債を発行して借金をしています、と話したところ、視聴者のこどもから「お金がないなら、もっとお札を刷ったらいいのではないですか？」という質問が寄せられました。当然の質問ですが、私はちょっと慌てました。

大人なら常識として、お金を勝手に刷ればインフレになると知っています。しかし、その背景にどういう論理があるのか、となると、頭を抱えることになります。経済学の本をあれこれ調べても、どこにもその理屈が書かれていないことに気づきました。

書いてあるのは、インフレーションにはコストプッシュ・インフレとデマンドプル・インフレの２種類があるということだけです。

コストプッシュ・インフレは、生産のコストが上がると、ものの値段も上がるのでインフレになる、という説明です。デマンドプル・インフレは、ものが少ないのに需要（デマンド）が多いと、それに引っ張られてインフレになるというものです。

原材料費や賃金が高くなるコストプッシュ・インフレは悪いインフレ、それに対して需要が基にあるデマンドプル・インフレは良いインフレだと言います。しかしこれだけでは、こどもの疑問に答えたことになりません。

専門家はあまりにも当たり前のことは書かない傾向があるので、これも一般の理解がなかなか進まない原因かもしれません。

「お金を勝手に刷るとなぜインフレになるの？」

この問題を説明するには、〝本質〟をつかまえる必要があります。その本質とは何かというと、インフレとは世の中に出回っている商品に対して、お金の量が多くなりすぎることです。もう一つ、世の中の商品の値段の総合計と、世の中に出回っているお金の総合計は同じになるということも重要です。

これを理解しやすいように、番組ではビジュアル化のために、歳末の福引きで使う抽選箱を用意しました。抽選箱の中を「世の中」と仮定します。

こどもが抽選箱に缶ジュース5個と、100円玉5個を入れて回すと、缶ジュースに100円玉を張り付けたものが転がり出てくる仕掛けです。

100円玉をさらに5個増やして回すと、今度は缶ジュースに100円玉が二つ付いて出てきます。これで世の中にある商品の数が変わらず、出回るお金だけ増えると、商品の値段が高くなるという仕組みのイメージを伝えられます。

これがインフレの原理で、いま日銀が進めている「異次元の」金融緩和策も狙いは同じです。市中に出回るお金の量を増やして、相対的にものの値段を上げようとしているからです。

ニクソンショックの背景

なぜ毎日、経済の情報があふれ、政治と密接な動きをするようになったのでしょう。それを考えるには、１９７２年のニクソンショックに戻らなくてはなりません。

ニクソンショックとは、アメリカのリチャード・ニクソン大統領が、「金とドルの交換を停止する」と宣言したことにより、世界経済が大混乱に陥ったことを言います。

第二次世界大戦後、アメリカのドルが基軸通貨つまり「世界のお金」になります。各国政府が保有するドルの交換を申し入れると、アメリカは、金１オンス＝35ドルで交換に応じていました。いつでも金と交換できる。これがドルの信用になっていました。

しかし、朝鮮戦争やベトナム戦争などを通じ、アメリカは世界中でドルでの支払いを続けてきました。その結果、世界にあふれるドルの量が、アメリカ政府が保有する金の量を上回る可能性が出てきたのです。

困ったアメリカは、交換を拒否。これがニクソンショックでした。

これ以降、たとえば中東情勢が緊迫してくると、ドル高に動きます。ドルが世界で最も信用できる通貨だからでした。

ところが最近は、中東情勢が悪化すると、ドルは下落するようになりました。ドルの信用が落ちたのです。その代わり、円高になります。日本の円が、それだけ信用されるようになっているからです。

国際政治の動きによって、円高や円安になる。経済ニュースの背景には政治の動きがあります。このメカニズムが理解できると、ニュースは一段と面白くなります。経済と現代史という二つの分野を越境すると、この喜びを共有できるのです。

武器としての石油

経済と現代史の越境といえば、石油ショックもその一つです。

中東に発した石油ショックを契機に、資源の節約のためにテレビの深夜番組がなくなり、銀座のネオンも消され、きらびやかな夜景が見られなくなったことを覚えている読者の方も多いのではないでしょうか。

なかでもトイレットペーパーがなくなるというので、主婦が買い溜めにスーパーに走ったことが話題になりました。「石油が入ってこなくなると紙の製造に支障が出る」という発想だったのですが、実際は、トイレットペーパーの生産には影響ありませんでした。

では、なぜトイレットペーパー騒動になったのか。ここで現代史の出番です。当時の日本は高度経済成長によって生活の質が向上し、都市部で水洗トイレが普及するようになっていたからです。水洗トイレになると、トイレットペーパーが必要になります。「トイレットペーパーが手に入らないとトイレが使えなくなる」という危機感が、パニックを引き起こしたのです。

スーパーの店頭からトイレットペーパーが消えても、メーカーの生産がすぐに間に合うわけではありません。なかには売り惜しみをしたところもあったと言います。焦る消費者心理にさらに火がつきます。

そもそもこの騒動の元になったのは、日本から遠く離れた中東での戦争だったのですが、これが戦後、世界と日本の結びつきを強く知らしめた最初の事件かもしれません。

１９７３年10月６日、中東のエジプトとシリアがイスラエルを奇襲攻撃し、第４次中東戦争が始まりました。これに合わせてＯＰＥＣ（石油輸出国機構）に加盟するペルシャ湾岸の６カ国が、原油価格の21％値上げを発表しました。

さらに、中東の産油国は一致して、イスラエルを支持する国への供給を毎月5%ずつ減らす方針を打ち出しました。「われわれに味方すれば石油を従来通り供給する」というわけです。

これを境に、石油という資源が極めて政治的な武器に転換しました。中東情勢が、私たちの家計にストレートに影響するようになったのです。

石油ショックの教訓

中東の産油国にも内なる事情がありました。いずれ石油枯渇を迎えたときにどうするかが意識され始めていました。石油資源に頼る経済から脱する道も考えなくてはなりません。それで、増産などの抜け駆けを許さないために、OPECの下で結束力を高める必要があったのです。

もともとOPECができたのは、巨大な石油メジャー、いわゆる「セブンシスターズ」に対抗する意味がありました。「セブンシスターズ」とはアメリカ、イギリス、オランダ系の7社の石油企業のことで、自分たちに都合のいいようにカルテルを結び、生産調整をしていました。

しかし、その後の中東の様子を見ると、産油国がどれだけ石油依存から抜け出せたかといえば、事情はあまり変わっていません。さきごろ日本を訪れたサウジアラビアの国王の一団の政治課題は、相変わらず石油依存からの脱却でした。

石油ショックで日本はひどい物価高騰を経験します。しかし、この危機を乗り越えたことで、日本経済の足腰が強くなったということがあります。燃費のいい日本車がアメリカで受け入れられるようにもなりました。

石油に頼りすぎると恐いということで、代替エネルギーとしてトウモロコシや砂糖キビを原料にしたエタノールの開発が進みます。産油国ではオイルマネーの流入で急激な開発ブームが起き、その結果、貧富の格差が拡大し、イスラム原理主義の運動を引き起こしました。

先進国首脳会議（サミット）が開かれるようになったのも、石油ショックによる不況が原因です。先進国首脳が集まって知恵を出し合おうと、フランスのジスカール・デスタン大統領が呼びかけました。第１回はフランスのランブイエで行われ、出席した国はアメリカ、フランス、西ドイツ、イギリス、イタリア、日本の６カ国です。日本は田中角栄の失脚のあとを受け継いだ三木武夫が出席しました。翌年、カナダが参加して７カ国になり、Ｇ７と呼ばれるようになりました。

このようにイスラム原理主義の勃興など、現代の政治、経済に続く問題がいくつも生起しました。すなわち石油ショックが世界を変えたのです。経済学の知識で現代史を見る「越境」の意味がここにあります。

第2章 私はこうして越境してきた

1　逆境は独学で切り抜ける

わが越境史

改めて自分の来し方を見つめ直すと、越境を繰り返してきた人生だったという思いを強くします。会社員だったわけですから、当然ながら組織の都合による「受け身の越境」ばかりでした。その都度、必死の「独学」で乗り越えてきた気がします。

そうした孤独な努力を続けるなかで常に心がけたのは、なんとか「平均」以上の業績を残そうということです。ジャーナリズムの世界では、並外れた能力を持った人たちが多数存在します。そうした人たちが各分野にいて、とても敵いません。とはいえ、各分野でたとえトップには立てなくても、そこそこの場所にまでは、努力すればたどり着けるのではないか、と考えたのです。

では、私の〝越境史〟にしばらくお付き合いください。

新聞かテレビか

私がマスコミの世界に魅せられたのは、小学6年生のときでした。一冊の本との出合いがきっかけです。『地方記者〈続〉』（朝日新聞）というタイトルの本でした。家の近くには小さな地元書店が2店あり、読書好きだった私は、その両方にしょっちゅう顔を出していました。その1店で見つけたのが、この本でした。当初は『地方記者』が出版され、評判が良かったので続編が出たのでしょうが、私が手に取ったのは続編のほうでした。後に『地方記者』も手に入れて読みましたが、続編のほうがはるかに面白かったのです。不思議なものですね。

この本は、朝日新聞の地方支局の記者たちの喜怒哀楽を描いていました。地方の警察や市役所、県庁を取材し、ライバル社と抜いたり抜かれたりの競争を展開。さらには、警察より先に殺人犯を見つけて自白を促したり……。ふだん知ることのない世界に心が躍りました。

当時、ＮＨＫドラマ「事件記者」も放送されていました。推理作家の島田一男原作で、警視庁記者クラブが舞台です。事件が起きるたびに、新聞記者たちが虚々実々のかけひきをしながら、特ダネ競争に血道を上げます。そのくせ、みんな仲がよく、仕事が終われば、「ひさご」という名の居酒屋で愚痴をこぼす。こんな世界があることも驚きでした。

当時、ニュースといえば新聞が主体です。テレビはＮＨＫが短いニュースを伝えていましたが、民放ではほとんどニュースがありませんでした。

この本とテレビドラマをきっかけに、私は新聞記者になりたい、と漠然と思うようになりました。東京に住んでいたこともあって、地方で取材する新聞記者に憧れました。

歳月が流れ、いよいよ大学卒業を控えて就職活動することになり、すっかり意識から消えていた過去の憧れがよみがえってきました。新聞記者になりたい、という思いです。

しかし、このころになると、テレビの力が注目されるようになります。きっかけは、「浅間山荘事件」でした。１９７２年2月に起きたこの事件は、解決が長引いたこともあり、連日の生中継の映像に日本中が釘付けになったのです。

１９７０年前後には全国で学生運動が活発になり、さまざまな組織が生まれました。やがて運動が退潮を迎えると、過激な組織が誕生します。中でも共産主義者同盟赤軍派と京浜安保共闘という組織は、主張が違うのに、過激派同士ということで合流します。それが「連合赤軍」です。

彼らは日本で武力革命を起こそうと夢想します。群馬県北部の山中にこもって軍事訓練を行っていました。この秘密基地が警察に見つかったことから、彼らは山を越えて逃走。長野県の軽井沢まで逃げ、河合楽器の保養所「浅間山荘」に逃げ込み、管理人の妻を人質に立てこもりました。

彼らは事前に銃砲店を襲って入手していた猟銃を発砲します。雪で覆われた軽井沢の山中。周りを取り囲んだ警察官たち。そこに向かって発砲される銃声が山にこだまします。まさにテレビ的な光景です。

人質は無事だろうか。警察は、どうやって攻略するのか。立てこもっている連中の親が連れて来られ、息子たちに投降を呼びかけますが、その声に向けて発砲が起きます。悲しい人間ドラマです。

これは、私が大学3年の2月。周りでは早くも就職活動が始まっていました。それまで新聞記者しか考えていませんでしたが、これを機に選択肢には放送局が入ってきました。

このころも就職協定がありましたが、順守しているのはマスコミだけ。大学4年の7月1日が入社試験の解禁日です。当時のマスコミは、まず学科試験を実施し、それに受かって初めて面接試験に進むことになっていました。

7月1日に学科試験を実施したのは、朝日、読売、毎日、共同通信とNHK。翌2日が日経、産経、時事通信の試験でした。1週間後の8日が大阪読売の試験です。1日と2日は掛け持ち受験が可能でした。各社の人気の度合いが窺えます。当時の日経新聞は、いまほどの人気がなかったのです。

かつて民放各局は、ほとんどが受験資格に社員推薦が必要でした。誰でも受験できるオープンな採用試験をしているのはごく少数だったのです。

さて、7月1日はどこを受験するか。とりあえずNHKと新聞社の両方に願書を出し、試験前日まで迷った挙句、NHKの試験会場に向かいました。東京・青山の青山学院キャンパスが試験場でした。

新聞社に入らなかったから新聞にコラムを書けた

実に皮肉なことですが、新聞社に入らなかった（入れなかった）ことで、いまは複数の新聞にコラムの連載を持っています。自社のコラムを執筆できる新聞記者は、社内で筆が立つ人に限られます。もし私が新聞記者になっていたら、とてもそんな存在にはなれなかったことでしょう。外部の人間なので、コラム執筆の依頼があったのです。これも一種の「越境」

でしょう。

最終的にＮＨＫを選択したのは、ＮＨＫの記者は全員が地方勤務から始めることを知っていたからです。新聞記者ではなくても、小学生のときの夢だった地方記者になれる、というわけです。

入社後に知ったことですが、私の成績は合格者の中で最低レベル。合格させるかどうか人事の中で議論があったそうです。

当時のＮＨＫの新人研修は２カ月に及ぶものでした。研修所の寮に入り、毎日、取材の仕方、記事の書き方、カメラの扱い方を叩き込まれます。当時は記者がテレビに出演してしゃべることなど想定されていませんでしたから、カメラの前でのリポート研修はありませんでした。現在はみっちりやるようですが。

ＮＨＫの記者が書くニュース原稿は、まずはラジオ用です。ＮＨＫはラジオとテレビの両方を持っていますから、ラジオ用原稿が優先です。記者がラジオ用原稿を書き、カメラマンがテレビニュース用の映像を撮影。テレビニュースに出す際は、編集者がラジオ用原稿をテレビ用に書き直すのです。

これが民放テレビ局ですと、見れば分かるような描写は文章では必要ありません。「この部分は映像を見せて」と指示することですみますが、ＮＨＫはそういきません。これが、結果的に良かったと思っています。

なにせラジオは映像がありません。すべて音声で表現しなければならないのです。たとえば、ラジオで「色とりどり」と言っても、聴取者には分かりません。黄色や赤の花が風に揺れています、と情景を具体的に表現しなければなりません。観察力がなければ、こういう記述はできません。また、同音異義語をそのまま使うのもご法度です。

たとえば「しりつ高校」です。これは「私立」なのか「市立」なのか。「しあん」とは、「試案」なのか「私案」なのか、というわけです。

「市立高校」は「いちりつ高校」、「私立高校」は「わたくしりつ高校」。「試案」は「こころみの案」、「私案」は「わたくしの案」という言い換えを付け加えなければなりません。言葉の使い方にも敏感になるのです。

苦労はしたけれど、自分の身になる。ラジオ用原稿の執筆は、文章力を磨く打ってつけの訓練になりました。

文章力の独学が始まった

ＮＨＫでの初任地は松江放送局でした。この配属を「左遷」と受け止めている人がいるようですが、大きな誤解です。ＮＨＫに入ると、全員が地方の放送局に配属になるからです。所帯の小さな放送局で、ありとあらゆることを体験することで成長させる。こうした方針だからです。これは全国紙も同じこと。全国各地の支局に配属されます。新聞社の支局ですと、支局長以下数人しか記者がいないというところが多いのです。

ＮＨＫも新聞社も、新人記者はいわゆるサツ回りから始まります。警察回りの略ですね。警察を担当して取材力や洞察力、瞬発力を養うのです。警察官は口が堅く、簡単には話してくれないので取材力がつく。警察署の中の微妙な雰囲気の違いから事件発生や犯罪内偵の気配を掴む。事件発生と聞いて、すぐに現場に駆け付ける瞬発力をつける。こうしたことから、まずは警察取材から始めることになっているのです。

私の場合、初年度は松江警察署、島根県警察本部、松江地方検察庁、広島高等検察庁松江支部、松江地方裁判所、広島高等裁判所松江支部を担当しました。警察に逮捕されれば検察庁に送られ、起訴されれば地方裁判所、控訴すれば高等裁判所という一連の流れを取材するのです。

記者は取材が終わっても、いちいち放送局には戻りません。出先から原稿を電話で吹き込みます。パソコンで原稿を書いて送信するなど考えられない時代でした。私ではないですが、ある記者が「けが人はタンカで運ばれました」という原稿を電話で吹き込んだところ、電話を受けた学生アルバイトが、「けが人はタンカーで運ばれました」と書いてしまったことがあります。事故があったのが島だったので、船が出てきても疑問に思わなかったようなのです。

記者が書いた原稿を直すのがデスクと呼ばれる上司。デスクが使う赤鉛筆はダーマトグラフという、芯を紙で巻いた鉛筆です。太字でグイグイと文章を直していきます。デスクが赤字を入れてOKとなると、3枚複写（東京は5枚複写）の原稿用紙を引きはがして、1枚目がラジオ用、2、3枚目がテレビ用に使われました。

こちらは電話で吹き込んだままですから、テレビ、ラジオの放送を聞かないと、どう直されたかが分かりません。そこで、深夜に放送局へ戻り、デスクが赤字を入れて直した完成原稿を書き写しました。

どこをどう直せば分かりやすい原稿になるか。一文字一文字書き写すことで、ノウハウを学ぶのです。これが独学のスタートでした。

厳しいデスクになると、何も言わずに原稿をゴミ箱に捨てる人がいます。私も、無言で原稿を突き返されたことがあります。どこが悪いとか、どうしたらいいとか、ひと言もないのです。これには参りました。どこをどう直せばいいかまったく分からないからです。いろいろと迷った末に書き上げた原稿を手渡すと、「よけいに悪くなったなぁ」とまた突っ返される。３度目にやっと「仕方ねぇなぁ」と受け取り、真っ赤になるまで書き直していきます。辛い修業でした。

いまは全体的に忙しくなり、何度も書き直しをさせることもなくなりました。記者が送ってきた原稿をパソコン上でデスクが手を入れて完成。それをアナウンサーが読みます。こうなると、元の原稿がどう直されたか、過程が分かりません。原稿を書いた記者は、元の自分の原稿と、パソコン上で読めるデスクが修正した原稿を、いちいち照らし合わせないと、自分の原稿の欠点を知ることができません。不幸なことだと思います。

いずれは東京に戻ることを考えると、いろいろな原稿が書けなくてはなりません。当時、夜の10時にラジオの全国ニュースがあったので、それを録音しては、あとで書き起こす作業を繰り返しました。政治、経済、社会の記事はこう書くのか、と練習に励んだわけです。

仕事場は〝斜めの関係〟

原稿の書き方は独学だと書きましたが、それには社内事情が関係しています。新人記者でいられるのは1年だけ。翌年には後輩が入ってきて、タッグを組んで警察や検察庁を回ります。2年生記者は、まだ自分のことで精いっぱい。後輩を指導するだけの余裕がありません。場合によっては、後輩に特ダネを抜かれるかもしれません。まさにライバルです。

その結果、先輩記者は、新人記者に懇切丁寧に原稿の書き方を教えてはくれないのです。これは他社も同じでした。

そのかわり、他社の新人君には手ほどきする、ということが起きます。それは直接のライバルを育てることにならないからです。やはり業界の先輩として、自分が得たものは伝えたい、という気持ちはあるのです。かつての自分を思い出すからでもあるでしょう。私も他社の先輩記者からたくさんのことを学びました。

この〝斜めの関係〟というのは、ほかの業界でも散見する現象ではないでしょうか。同じ部署に入ってきた新人には、意外に先輩が教えてくれない。他社あるいは他の部署の人間が親身になってくれる。よくあることです。他社や他の部署の人にかわいがられる人材であることはとても大事です。

通信部記者への転身

松江に3年いたあと、最初の越境をすることになります。通信部の記者に転身したのです。松江放送局は島根県の県庁所在地にあります。当時は職員が約100人いました。放送部門だけでも、アナウンサー、記者、ディレクター、カメラマン、編集マンと勢揃い。デスクも3人います。私はどちらかというと一匹狼タイプ。いや、はぐれ羊かも知れませんが、一人で行動するほうが性に合っています。通信部というのは、県庁所在地の都市にある放送局から離れた場所にあります。その都市に住み込んで、事件や事故があれば、24時間365日、いつでもカメラを持って飛び出すという仕事です。上司と顔を合わせることなく、自由に取材できるのが魅力でした。自ら進んで「通信部に行きたい」と申し出たのです。

現在は、「働き方改革」で、通信部に住み込みという形はなくなりました。自宅は仕事場でなくなり、報道室と呼ばれる取材拠点に通勤する形になりましたが、当時は過酷な職場でした。休日という概念がなかったのですから。

通信部に行きたいと自ら言い出す人間は稀有でしたから、人事は大喜びだったことでしょう。希望は認められ、今度は山陽側・広島県の呉通信部に転勤しました。入社3年で通信部に行く記者など当時は珍しい存在で、あとから聞くと、「池上は何かやらかして左遷させられたのではないか」という噂が出たそうですが、そんなことはなかったのです。

私は『地方記者〈続〉』を読んで地方勤務に憧れを持った人間です。瀬戸内海となると、秋になればカキの水揚げにミカンの収穫、島の運動会……。カメラを持って飛び回るのは喜びでした。

そのころのカメラは16ミリのフィルム式で、ドイツ製のベルハウエルという機種でした。ギーコギーコといわせてゼンマイを巻くと40秒程度はもつ、という代物です。目測でフィート単位の距離を割り出し、望遠、広角、標準の3種のレンズのうちふさわしいものに切り替えます。

いまはビデオカメラで重量も軽く、レンズは広角から望遠まで自由にズームでき、オートフォーカス（自動焦点）で絞りもオート。楽になりましたが、カメラに苦戦することで、映像をどう切り取り、どう伝えるかという点で勉強になりました。いまもテレビ画面でどう見せるかを考えるときは、この経験が生きています。

いま思えば、通信部記者になったことで、「原稿を書く記者」から「映像を撮影するカメラマン」へと越境していたのです。

撮影した映像が夜7時の全国ニュースに流れたこともあり、呉にいた他社の記者から「君は東京にカメラマンとして転勤するんじゃないか」と言われたことがあります。それはさすがにありませんでしたが、嬉しかったことは事実です。

社会部の正義

松江と呉にいるあいだに、中央の大きな事件に駆り出されることがありました。ロッキード事件とダグラス・グラマン事件です。前者は全日空の新旅客機選定をめぐるもの、後者は第2次防衛力整備計画における次期主力戦闘機の選定をめぐる疑惑です。政治家や商社、フィクサー（政商）が絡んだ疑獄事件でした。

国会に証人として呼ばれた関係者が「記憶にございません」を連発したり、手が震えて宣誓書にサインができなかったりというテレビの映像が、お茶の間に流れました。

ロッキード事件で逮捕された田中角栄元首相は、首相時代に『文藝春秋』に掲載された立花隆氏の「田中角栄研究～その金脈と人脈」の記事によって追い詰められ、政権を追われます。

ロッキード事件が発覚し、東京地検特捜部が捜査を開始しますが、当時の東京地検特捜部は「眠れる獅子」と呼ばれるほど、大きな事件を扱うことがありませんでした。このため各社の記者たちも「夜討ち朝駆け」することなく、取材ルートがありませんでした。となると、誰かを東京地検前に張り付けておいて、連行されてくるところを確認しようということになりました。

かくしてＮＨＫも全国紙も、全国各地から若手記者を東京に呼び集め、関係者の自宅などに張り付けるようになったのです。

松江時代はロッキード事件、呉時代はダグラス・グラマン事件の取材応援に社会部に呼ばれました。単なる見張り役でしたが。

これをきっかけに、ＮＨＫ内での私の進路が決まりました。それまでは大学が経済学部だったことから、漠然と経済部もいいなぁと思っていたのですが、ロッキード事件の疑惑追及に走り回る社会部記者に憧れるようになったのです。

そこで、次の勤務先の希望に「社会部」と書いたところ、広島放送局のデスクから「政治部に行かないか」という打診がありましたが、「社会部がいいのです」と突っぱねました。いま思えば冷や汗ものですが、妥協しなかったことが、いまにつながったのでしょう。

これも小さな「越境」でした。自ら通信部記者を志望したことが評価されたのか、願いがかなって東京の報道局社会部に転勤しました。呉とは３年でお別れでした。

「名刺で仕事するな」

どんな記者になればいいのだろうか。松江時代も呉時代も、それを考えていました。結局は、取材力があって文章力がある記者、ということになるでしょう。いまのテレビ局の記者には、さらに口頭での表現力のある記者、という条件が追加されるのでしょうが。

ＮＨＫに入ったばかりのころに読んだ本が、自分の目標を定めることになりました。扇谷正造氏の『諸君！名刺で仕事をするな』という本でした。扇谷氏は朝日新聞時代、『週刊朝日』を１００万部の大台にのせた名編集者です。会社に入って名刺を持つと、その肩書でいろんな人に会えるようになる。しかし、それは、お前が評価されているからではない。相手はお前が所属する会社の名前に敬意を払っているのだ、というわけです。

確かに新人記者でも「ＮＨＫの○○ですが……」と言って電話をかければ、相手は対応してくれるでしょう。でも、肩書がなくなった途端、相手にされなくなる、というわけです。

これを読んで、呉時代に早速実践してみました。呉通信部の守備範囲には、呉警察署、広《ひろ》警察署、音戸《おんど》警察署、江田島警察署があります。呉警察署には毎朝直接行きますが、それ以外は電話で事件・事故がないかを確認します。これを業界用語で「警戒電話」と言います。ここでの電話で、当初は「NHKの池上です」と名乗っていましたが、そのうちに「池上です」だけにしてみました。すると、これで通じるようになったのです。毎日朝晩電話をかけているうちに、声だけですが交換手さんと親しくなり、名前だけで認識してもらえるようになったのです。

そのうちに、「変わったことはありませんか?」と問いかけると、「うちの管内は異常ないけど、隣の管内の無線がうるさいわよ」などといった反応が返ってくるようになりました。

後にNHKを辞め、民放から出演依頼が来るようになって、担当のディレクターに電話したところ、同じスタッフルームにいる別の人が電話に出ました。「池上と申しますが……」と自己紹介すると、「どちらの池上さんでしょうか?」と問いかけが。ああ、名刺で仕事をしていると、フリーランスになったときに、こんな思いをするのだと痛感したものです。

いまは仕事先に名前だけで分かってもらえるようになりました。扇谷さんの教えに感謝しています。

警視庁捜査一課担当に

ＮＨＫ社会部に異動になると、仕事内容は一変します。渋谷警察署詰めを1年経験したあとは、警視庁の捜査一課、捜査三課を担当することになったからです。

捜査一課は殺人、強盗、放火、誘拐事件を捜査します。まさに警視庁の花形職場です。捜査三課は窃盗やスリなどを主に捜査します。捜査一課ほど華やかではありませんが、時々大きな事件を捜査することもありますから、気が抜けません。

松江も呉ものんびりしたところ。殺人事件など滅多に起きません。起きても喧嘩が原因だったりして、容疑者はすぐに逮捕。捜査本部ができるようなことはありません。ところが、警視庁管内は違います。捜査本部がいくつもあり、一つの事件が解決しても、また次の事件が起きるという繰り返しです。

思いもよらない仕事です。漠然と経済部がいいかなぁと思っていたら、殺人事件担当になってしまったのですから。ここでまた勉強のし直しです。警察を担当するとなると、刑法や刑事訴訟法の知識が欠かせないからです。基本的な知識は松江時代に警察回りを担当して頭に入れていましたが、警視庁となると、扱う犯罪も多彩。さまざまな知識が必要となります。

さらに捜査一課担当となったことで、法医学の知識も必要だと感じ、勉強することになりました。

死因がはっきりしない遺体が見つかると、警察が呼ばれます。まずは地元の警察官が駆け付け、警視庁の鑑識課に所属する検視官が呼ばれます。ベテランの検視官であれば、遺体を一目見ただけで、事件性があるか、つまり殺人の疑いがあるのか、あるいは事件性がないか、つまり病死や自殺なのか、だいたい判断がつきます。殺人事件の疑いがあるとなれば、捜査一課に連絡し、遺体の司法解剖の手続きをとります。

司法解剖には裁判所の令状が必要です。令状が出れば、事件が起きた場所によって、東京大学の法医学教室か慶應義塾大学の法医学教室のどちらかで解剖されます。

事件性はないが念のため死体解剖をしておいたほうがいい、という場合は「行政解剖」になります。巣鴨にある東京都監察医務院に遺体が回されます。

検視官は経験上、遺体を見れば異常かそうでないか、判別できます。目に斑点が出ていれば首を絞められたのだろう。青酸カリで死んだ場合は、口元に鼻を近づけて臭いをかぐと、甘酸っぱい臭いがする……など知見が積み上げられています。

検視官に取材する以上、こうした基本的な知識は身につけておかなくてはなりません。東京都監察医務院長だった上野正彦氏の『死体は語る』（現在は文春文庫）など、一連の書籍を片っ端から読みふけりました。

こちらに法医学の知識があれば、検視官もそれなりに対応してくれます。知識がないまま、殺人ですか、どうですか、などと尋ねても軽くあしらわれるだけなのです。新しい職場に来れば、まずは勉強、というわけです。

警察の内部事情が分かれば、捜査員が主人公になっている推理小説などの質も判別できるようになります。警視庁の捜査員が全国を捜査で飛び回ったりするのは、荒唐無稽であることが分かります。現場の捜査員が他の県警に転勤するなどということもありえません。ある推理作家の作品で、世田谷区で事件が起きて世田谷警察署が出てくるのですが、地名からすると、そこは北沢署管内なのです。こんな突っ込みができるのは、数少ない楽しみでした。

その点、読売新聞社会部記者から作家になった三好徹氏、佐野洋氏はさすが警察回りを長年やっていただけに、描写は正確です。今野敏氏の『隠蔽捜査』シリーズ（新潮社）も確かな手応えの作品です。主人公は警察庁採用のキャリアで、本庁詰めだったのが、家族のスキャンダルで大森署の署長に降格になったという設定です。本来ありえない人事ですが、警察組織をしっかり把握して書いていますから、リアルに思えてくるのです。これが警察小説の醍醐味でしょう。

越境の経験はいつか生きる

警視庁担当の勤務は過酷です。事件の現場に行くだけではありません。捜査本部ができると、捜査本部詰めの捜査員から取材をしなければなりません。捜査員は日中、犯人逮捕に向けて聞き込み捜査を続けています。帰宅するのは連日深夜です。そこに待ち構えていて、話を聞こうとするのです。

もちろん相手には守秘義務がありますから、ペラペラとしゃべってくれるはずがありません。成果の出ない日々です。それでも捜査員が帰って来なければ、捜査に進展があった可能性もあります。いつもと態度が変わっていたら、何かあったのかもしれません。そんな禅問答の繰り返しです。とにかくライバル社に負けるわけにはいかないのです。とても長く務まる職場ではありません。

そんな過酷な現場の次は社会部の遊軍でした。

遊軍とは聞き慣れない言葉ですね。そもそもは軍隊用語。第一線で戦う部隊の背後に待機していて、味方の戦線が破られそうになったときに応援に駆け付ける任務を持った部隊のことです。新聞社や放送局の社会部記者の多くは警視庁や東京地検、文科省や厚労省の記者クラブに配置されて、それぞれの担当部署を取材しています。これに対して遊軍は、記者クラブに所属せず、独自に取材することが任務です。

ＮＨＫ社会部の当時の遊軍は、事件、科学医療、気象災害、消費者問題などの分野に分かれ、それぞれ自由に取材ができる体制でした。当時の科学医療取材チームは、現在では社会部から独立して科学文化部になっています。

私が配属されたのは、気象災害と消費者問題を取材するグループです。不思議な取り合わせです。ふだんは消費者団体を回りながら最新の消費者問題を掘り起こしてニュースにするのが仕事ですが、地震が起きたり台風が襲来したりして大きな被害が出ると、現地に取材に行く役割もありました。

またまた仕事内容は「越境」です。それまで警視庁を担当し、殺人事件を追いかけていた人間が、消費者問題を担当するなど、通常の記者の世界では考えられない異動でした。

正直に言えば、なんで消費者問題を担当しなければならないの、という気持ちもありましたが、担当にならなければ、主婦連（主婦連合会）や消費科学連合会、日本消費者協会、日本消費者連盟、国民生活センターに顔を出す機会などなかったでしょう。貴重な体験です。食品添加物の問題や悪徳商法の問題などをニュースにしましたが、取材するためには、その背景を知らなければなりません。ここでも勉強です。戦後日本で消費者運動が果たした役割を勉強しました。

その結果、戦後日本の消費者運動が、不良マッチ追放運動から始まったことや、偽牛肉缶詰問題など、いまの日本では考えられないメーカーの倫理意識の欠如があったことを知るのです。

たとえば不良マッチ。戦後まもなくはガスコンロに火をつけるのはマッチでしたが、不良品ばかりで火がつきません。怒った主婦たちは、不良マッチ追放運動に立ち上がります。これがきっかけとなって主婦連が誕生し、政治家たちへの陳情を繰り返すことで、消費者の権利や保護という概念が生まれていきます。

おかしかったのは偽牛肉缶詰です。缶詰の外側には牛の絵が描いてあるのですが、その上に「牛肉うま煮風」となっています。なんと中身は馬肉だったのです。もちろん不当表示の詐欺ですが、缶詰にはちゃんと「うま煮」と書いてある、という代物です。

こうした不良品、偽物が横行していたのが戦後の日本。とても近くの国を批判できません。

こうした歴史の勉強が、やがて戦後日本の歴史を取り上げるテレビ番組で生かされます。２０１７年９月にフジテレビ系列で放送された「27時間テレビ」のテーマは「にほんのれきし」。この中の「池上彰が見た たけしと戦後ニッポン」のコーナーで、ビートたけし氏と戦後の日本を語り合いました。ここで消費者問題の歴史の知識が役立ったのです。

警視庁担当から消費者問題担当へと「越境」したことが、いまになって生きたのです。当時、消費者団体を取材していた各社の記者たちと消費者団体の人たちとは、いまも主婦連の会議室を借りて定期的に勉強会を開いています。

こうしてふだんは消費者問題を取材していますが、いざ地震や津波となると、その取材に駆り出されます。ゆえに日頃から、この方面の勉強も欠かせません。気象庁や東京大学地震研究所を回って、専門家から学びました。

東日本大震災の大きな揺れの原因を説明するのに頻繁に登場した最新のプレートテクトニクス理論も、そのころに学びました。高気圧と低気圧がなぜできるのか、なぜ台風が北半球だと左巻きなのか、なぜ偏西風が起きるのか、それは地球が自転することで起きる「コリオリの力」の影響である……。学ぶことは山のようにありました。

その後、担当が変わっても、「池上は地震や火山のことに詳しいから」と、日本海中部地震の取材の応援に行くことになります。三原山の大噴火で全島民避難となると、島民のいなくなった伊豆大島にヘリコプターで入ります。

2016年4月に起きた熊本地震の直後にはテレビ朝日系列で専門家を招いて緊急特番を担当しました。なぜ池上が地震や火山の話をするんだという疑問を持った方もいたようですが、これも過去の蓄積があったからです。社会部遊軍を離れたあとも、地震や津波、火山についての研究書や解説書が出るたびに読み、その後の最新研究を把握していたので、生放送で専門家への質問ができたのです。

自分の意思に関係なく仕事の担当部署が変わる。でも、そこで腐ることなく、一生懸命勉強すると、いずれ成果が花開く。それを経験してきました。いまの自分があるのは、「越境」の繰り返しのおかげです。

NHK特集でエイズを学ぶ

1987年、日本で初のエイズ患者が見つかり、「エイズ・パニック」の様相を呈します。エイズという病気についての知識を多くの人が持っていなかった当時、「すぐにうつるかもしれない」と恐れた人が多かったからです。当時NHKでは医学的に取り上げる番組を多く制作していましたが、社会部のデスクが、「エイズを医療の問題としてではなく、社会が直面する差別の問題として取り上げよう。そのためには医療の専門記者ではない、その分野の素人の記者に担当させよう」と思いつきます。私が指名されることになりました。

これまでまったく担当したことのない分野です。焦りました。まずはエイズについて勉強。そのためには、そもそも人間の免疫機構から知らなければなりません。

さらに、医学的知識を得たからといって、それで番組になるわけではありません。私に求められているのは、社会がエイズとどう向き合うか、という観点です。日本国内の専門家に話を聞きに回りながら、「エイズ先進国」アメリカ社会がどんなことになっているかの調査を始めました。

この企画をＮＨＫ特集（現在のＮＨＫスペシャル）として採用してもらうには、提案会議で承認されなければなりません。こうした提案書は、通常はディレクターが書くのですが、この仕事も私にお鉢が回ってきました。記者としてニュース原稿は多数書いてきましたが、社内での企画提案の文章など書いたことがありません。書いては消し、の繰り返しです。ＮＨＫでは、短い企画ニュースもＮＨＫ特集のような大型企画も、いずれもＡ４一枚の紙に提案趣旨を書くことになっています。特集ですから、盛り込みたいことはたくさんあります。

それをコンパクトにまとめる。それも、文章を読んだ人の頭に映像が浮かぶような書き方をしなければなりません。ここでもまた「越境」でした。これ以降、さまざまな企画書を書くことになるのですが、その基礎が身につきました。

結局、この取材ではNHKニューヨーク支局の記者、ディレクター、カメラマンと共に全米各地を回ることになりました。私にとって初めてのアメリカが、エイズ取材だったのです。

いじめや受験戦争の教育現場へ

NHK特集を担当したところ、次は同じNHK特集の枠で、教育問題を取り上げろということになりました。しばらくは記者稼業ではなく、ディレクターの仕事に専念します。

映像として分かりやすく、しかも心に残り、社会に問題提起する。NHK特集の神髄を学ぶことになりました。こういう特集番組を制作するのは、NHKの中で飛び抜けて優秀なプロデューサーやディレクターたちです。彼らの発想、仕事ぶりを間近で見られたことは、大きな収穫となりました。

ここで教育問題を取材した縁で、次は文部省（現在の文部科学省）を担当することになりました。文部省など中央省庁にはそれぞれ記者クラブがあり、各社の記者が詰めています。

文部省は、社会部と政治部の記者が常駐しています。政治部は文部大臣や自民党の文教族と呼ばれる教育問題に取り組む政治家たちを、社会部はいじめや受験戦争などの教育現場を、それぞれ取材するという役割分担になっています。

当時の日本は、いじめや校内暴力が吹き荒れていました。いじめを苦にして自殺する生徒が出たり、担任教師がいじめを見て見ぬふりをしていたり、という衝撃的な事実が発覚します。校内暴力が吹き荒れ、身の危険を感じた教師が護身のためにナイフを所持し、これで生徒を刺すという事件まで起きました。嵐のような「教育危機」。教育行政はどうあるべきか、学校や教師に何ができるか暗中模索の時代でした。

こうした教育問題が起きると、政治も動きます。中曽根康弘首相の下、臨時教育審議会が発足し、教育改革論議が盛んになります。教育改革は文部省に任せておけない、というのが中曽根首相の考えで、内閣直属の審議会を発足させたのです。

これは、文部省にしてみれば屈辱的なことです。内閣と文部省との微妙な対立や綱引きが始まりました。ここで、中央省庁と内閣、あるいは自民党文教族との関係など、中央政府の動き方を間近に見ることになります。

さらに、文部省の予算を査定するのは大蔵省（現在の財務省）の主計局。担当の主計官への取材もすることになり、中央省庁の中の大蔵省の存在感も知ることになります。

教育改革となると、いつもテーマになるのは大学入試改革。当時は共通一次試験が実施されていましたが、これでは受験生が受けられる国公立大学は一つだけ。もっと選択の機会を増やし、「東京大学と京都大学の両方を受けられるように受験の機会を複数化すべきだ」という声が上がります。これを受けて国立大学協会は、各大学の意向を確認しながら、受験日を前期日程と後期日程に分け、ブロックごとに大学を分けていきます。

この取材で全国各地の国立大学の学長などと親しくなり、いくつも特ダネを書くことができました。

いじめ問題から大学入試まで、取材テーマが目まぐるしく変わりますが、そのたびに日本の教育界でのいじめ問題の歴史や大学入試制度の変遷などを勉強することになりました。ここでも「越境」の繰り返し。いつのまにか教育問題の専門記者になりました。

皇居通いの日々

「越境」が続いているうちに、とうとう皇居のお堀まで飛び越えてしまいました。1988（昭和63）年夏、昭和天皇の病状が悪化します。それまで宮内庁記者クラブには、各社ともわずかな人数しか配置されていませんでしたが、これでは対応できないと、急遽、私にも声がかかり、応援に送り込まれます。宮内庁詰めの記者たちは、関係者への夜討ち朝駆け取材で、とても朝晩のテレビでの記者リポートには対応できない。リポート要員として応援に行け、ということだったのです。

こうして約３カ月、皇居に近いホテルに宿泊し、毎日午前４時、皇居の門をくぐるという生活が始まりました。午前５時、６時、７時、10時、正午のニュースで皇居の中からリポートするのです。

当時は、宮内庁の総務課長が毎日午前10時に、その日の朝の天皇の容態を発表します。その内容を、10時からのニュースの中でリポートしろという無茶な指示でした。

当然のことながら、10時のトップニュースには入りません。その後の二番手あるいは三番手の項目を空けておくから、ここに生中継でリポートしろというのです。宮内庁の前にはアナウンサーが待機。私が記者会見の途中で会見室を飛び出し、階段を駆け下りてカメラの前に立ち、いま聞いたばかりの内容を伝えます。階段を駆け下りながら、「きょうの冒頭の第一声はどういう言葉にしようか」と考えるのです。咄嗟に話す内容をまとめ、視聴者に端的に伝える。結果的に、「伝える力」が身につくことになりました。

2　自分の足りないものを点検し、補う

ついに発声練習に取り組む

昭和は64年の1月7日をもって終わりました。１９８９年です。この年の４月から、首都圏向けのニュースのキャスターを務めることになりました。

初年度は午後8時45分からの「ニュースセンター８４５」。翌年度からは、この番組に加えて午後6時からの「首都圏ネットワーク」も担当しました。これぞ、会社人生で大きな「越境」でした。

私がＮＨＫの記者を志したとき、記者がテレビ画面に出てしゃべることは、まずありえないことでした。画面に出るのはアナウンサー。記者は裏方。アナウンサーが読む原稿を書くもの。この常識があったからです。

記者がテレビの画面に出てニュースを伝えるようになったのは、1974年から始まった「ニュースセンター9時」がきっかけでした。NHK記者として国際ニュースの取材経験が豊富だった磯村尚徳《いそむらひさのり》氏がキャスターとなり、視聴者にニュースを語りかけるという、当時としては画期的な番組でした。

これ以降、取材をしている記者本人が画面に出てリポートするべきだという気運が高まります。私もしばしば現場でのリポートを担当するようになりましたが、さらに記者をニュースキャスターにしようということになったのです。

実は、取材経験が少ないアナウンサーがニュースを読むというスタイルは、日本独特のものです。欧米のニュースの多くは、取材経験を積んだ記者がキャスターとなります。イギリスでもアメリカでも、年配の男女がニュースキャスターを務めているのは、それぞれ取材経験を積んでいるからです。大学を出たての若い女性がニュースを読むことはないのです。

それはともかく、いきなりのキャスター指名です。アナウンサーで採用されると、発声練習から始まり、スタジオでのニュース原稿の読み方やしゃべり方の基本を習得しますが、記者の場合、そういった研修はありませんでした。業務命令を受けた以上は、きちんとニュースが伝えられなければなりません。またまた独学の始まりです。

まずは、NHKアナウンス室がまとめた『NHKアナウンス読本』を買ってきました。ニュースを読む上で大事なこと。それは「腹式呼吸」でした。

NHKのアナウンサーの声が聞き取りやすいのは、きちんと腹式呼吸をしているからです。素人は喉で声を出しますが、プロは「腹から声を出す」のです。

深呼吸をして腹に力を入れ、息をゆっくり吐きながら、声を出していきます。そのとき、身体全体を共鳴させるのです。これは弦楽器にたとえると分かりやすいでしょう。喉で発声するのは、いわば弦です。弦の音を楽器全体が響かせる。身体を楽器にするのです。

プロの声楽家が大ホールでも肉声で勝負できるのは、腹式呼吸ができるからです。いったん腹式呼吸をマスターすると、何時間しゃべっても喉が疲れることはありません。いま私は民放の特番収録で5時間から6時間しゃべり通しということがしばしばありますが、それが可能なのもこのとき習得した腹式呼吸のおかげなのです。

キャスター生活2年目からは夕方6時10分からの首都圏ニュースも担当していましたが、3年目から4年目にかけては、夕方6時から10分間、全国ニュースも読むことになりました。NHK報道局として、午後7時のニュースの内容を6時からも伝えようという方針になったからです。

とはいえ、NHKの記者たちは、夜7時のニュースめがけて原稿を出すという習慣がついています。6時の放送が近づいても、なかなか原稿が集まりません。通常、ニュースを伝えるときは、事前に原稿を下読みする時間がありますが、6時のニュースに関しては、ほとんど下読みする余裕がありません。スタジオでいきなりぶっつけ本番という原稿が多かったのです。

火事場の馬鹿力という言葉があります。切羽詰まった火事場だと、ふだんとても持ち上げられないような重い物でも持って逃げられる、という意味です。スタジオ内での異常な緊張状態の中では、初めて見る難しい原稿も、なぜか読めてしまうのです。放送が終わってほっとしてスタジオの外に出たら、同じ原稿が読めない、なんてこともありました。

原稿の中には、ゆっくり下読みできるものもあります。とはいえ、政治部や経済部の原稿は専門用語が多く、ニュースの背景が分かっていないと理解が困難なものも少なくありません。そんな原稿に当たると、私は「分かりにくい」「意味が分からない」と文句を言い続けました。

ベテランアナウンサーなら、その力量で読んでしまう原稿も、力量不足の私には無理なのです。「もっと分かりやすくしてほしい」と言い続けました。

そのうちに、記者の原稿を直してキャスター（つまり私）に渡すデスクたちが、「池上はうるさいから分かりやすく直そうか」と考えるようになっていきました。言い続けてみるものです。

「こどもニュース」の担当に

1994年、職業人生最大の転機が訪れました。「週刊こどもニュース」の担当を命じられたのです。

実は首都圏ニュースの担当が終わったら現場の記者に戻してもらおうと上司に要望を伝えていました。記者であることが私のアイデンティティと思っていましたから、元の水に戻してほしいと嘆願したのです。

私の願いは叶えられることになり、後任の記者キャスターも決まっていたのですが、それとは別の場所で「週刊こどもニュース」を始めようということになっていたのです。「池上が首都圏ニュースの担当から外れるなら、こどもニュースのキャスターにちょうどいいじゃないか。あいつは、いつもニュースを分かりやすくしろと言っていたし」ということのようでした。

最初に言い渡されたときは驚きました。しかし考えてみれば、首都圏ニュースで「分かりやすいニュースを伝えたい」と思っていても、放送直前に飛び込んでくる原稿を分かりやすく書き直す時間はほとんどなく、分かりにくい原稿をそのまま読んでいたこともあり、これには不満を感じていました。そこで「こども向け」ということになれば、分かりやすさを徹底できると考えました。

それに、今度は週刊です。１週間かけて、じっくり練る時間があります。やりがいがあると感じました。

そこで自らに課したことは、「こどもだましはしない」ということです。どんなに難しい問題でも、ただ簡単な話にするだけではいけません。複雑な問題なら、その複雑さを解きほぐしながら、分かりやすく伝える。これを方針にしたのです。

幾度の議論を経て「週刊こどもニュース」は、家族で１週間のニュースを振り返るというコンセプトとなり、私はお父さん役として、出演している小学生や中学生のこどもたちにニュースを解説することになりました。

まずは１週間のニュースを短く伝え、続いて、その中で一番重要な、あるいは一番分かりにくいニュースをお父さんが解説することになりました。当初は、「難しいニュースをお父さんが解説する」という方針だけで、具体的にどうするかは何も決まっていませんでした。そんな漠然とした方針で番組は始まったのです。

1回目で解説するニュースは「高速増殖炉もんじゅ」の運転開始、ということになりました。さて、どう解説するか。

そこで思いついたのは、模型を使うというアイデアでした。増殖炉とは、燃料として入れたプルトニウムが使用済み核燃料として出てくるときに増えている、というものです。それを分かってもらうために、ウランとプルトニウムを炉に入れると、プルトニウムが増えて出てくるという概念をシンプルな模型で表現したのです。

2週目のテーマは「ボスニア・ヘルツェゴビナの内戦」、その次は、臓器移植をめぐり「脳死と植物状態の違い」を解説するというように、難題ばかりを取り上げてはかみ砕いていきました。一見難しそうなテーマでも、丁寧にひもとけば誰にでも分かってもらえるという信念を実践で示していったのです。

放送を続けているうちに、ついに大人たちから反響をもらうようになりました。ふだん何気なくニュースを見ているが、本当に分かっているのかと言われれば、誰しも自信がありません。少なくとも「週刊こどもニュース」を見た人は、ほかの人にそのテーマを語って聞かせることができるようになるという効用があったのです。

南アフリカのアパルトヘイト、インフレの仕組み、長良川河口堰問題、ルワンダ難民、憲法9条と自衛隊……いまから思えば、よくもまぁ、難しいテーマばかり選んだものです。

「高速増殖炉もんじゅ」は放送の翌年、ナトリウム洩れ事故を起こしました。これを解説しようと、1年前に放送したものをチェックすると、「ナトリウムは扱いが難しい液体で、水と接触すると大惨事になる」と指摘していました。まるで事故を予告するような内容でした。

「実は1年前……」と、前の放送内容を事故後に振り返りました。

NHKを辞めてから分かったのですが、民放の人たちにとっては衝撃的な番組だったようです。分かりにくいニュースを、「こども相手に説明する」という設定にすれば分かりやすくなる、という事実が明らかになったのですから。

NHKを辞めてフリーランスになったあと、民放各局の人が声をかけてくれたのは、その番組を皆さんが見ていたことの証でした。

テレビ東京の政治部長だった福田裕昭氏もその一人です。彼が政治部記者の時代に、金融危機でブリッジバンクや自己資本比率などという言葉が飛び交った際、私の番組を参考にしていたそうです。彼は、私が独立したのを知り、「一緒に番組を作りませんか」と声をかけてくれました。

思いがけぬ副産物

「週刊こどもニュース」の担当にスムーズに移行できたのには理由があります。実は首都圏向けのニュースの担当になってしばらくして、『週刊TVガイド』という雑誌から、「ニュースを解説するコラムを連載しませんか」という依頼が来たのです。見開き2ページで、その時々のニュースを解説するというものです。

あとから聞いた話では、『週刊TVガイド』のOBだったコラムニストの泉麻人さんが、編集部に池上にコラムを頼んだらどうかと提案したことで実現したそうです。どこかに見てくれている人がいる、ということです。

この連載を引き受けたことで、私の守備範囲は劇的に広がりました。それまで社会部記者として国内の取材をしてきましたが、国際ニュースは門外漢。それが、毎週のように海外ニュースを解説することになったからです。

幸いキャスターになったことで規則正しい時間になり、執筆の時間があります。NHK内で正規の手続きを踏んで外部の雑誌に記事を書く許可を得て、執筆を始めました。

ところが、毎週、苦闘の連続です。中東問題の歴史やイスラム教について、アメリカ大統領選挙の仕組みなど、独学の日々です。この蓄積があったおかげで、「週刊こどもニュース」でのニュース解説ができたと思っています。

とりあえずは依頼された仕事をありがたく引き受け、必死に勉強する。その積み重ねが、仕事の幅を広げます。

本の執筆へ

「週刊こどもニュース」が業界で評判になったことで、講談社児童局（当時の組織）から、放送内容をこども向けの書籍にしませんか、という依頼が来ました。番組のプロデューサーとしては、ＮＨＫの番組を書籍にするのにＮＨＫ出版に話をしないでいいのかということになり、ＮＨＫ出版に出版の話を持ち掛けたところ、まったく相手にされなかったそうです。

それなら講談社の依頼を受けようということになりました。本の内容は講談社の仕事を受けていたフリーランスの編集者がまとめ、『小学生の大疑問１００』という形で出版されました。ＮＨＫに協力費が入る契約で、私には印税収入はありませんでしたが、この本が、あっという間に10万部も売れたのです。何が売れるのか分からないものですが、この本の「まえがき」を私が書いたところ、今度は担当編集者が、「ご自身で本を書いてみませんか」と声をかけてくれました。私の文章を読んで、「本が書ける」と判断したそうで、講談社の生活文化局（当時）の編集者を紹介してくれました。

最初にＮＨＫ出版から出していれば、こういう展開にはならなかったでしょうから、人生は分からないものです。

こうして講談社から『ニュースの「大疑問」』という本を出すことができました。ここから、私の出版分野での仕事が広がっていきます。

とはいえ、出版の仕事がトントン拍子に進んだわけではありません。これとは別に、「こどもニュース」でニュースを分かりやすく解説する工夫を自分なりに原稿にまとめていました。どこかで発表できないかと考えていたところ、たまたまパーティーで出会った出版社の編集者から、「それなら原稿を持ってくれれば見てあげる」と言われました。喜んで原稿を持参しましたが、「どんな本になるかまったく分からない」と言われて突っ返されてしまいます。パーティーでの会話はリップサービスだったのでしょう。信じた私が愚かでした。

本を書いてみたいと思っている人は多いでしょうが、簡単ではないのです。出版社には、毎日のように持ち込み原稿の売り込みがあるそうです。いきなり原稿を郵送してくる人もいるとか。編集者としては、いちいち対応していられないのが現実なのです。

そんなときに集英社の子会社であるホーム社の長澤潔さんから、「何か本を出しませんか」と声をかけられます。長澤さんと知り合ったのは、彼が『エスクァイア日本版』の編集長をしていたときです。当時私は首都圏ニュースのキャスターでした。

番組スタッフの若い男性ディレクターが、その雑誌の女性編集者と食事をすることになったのです。引っ込み思案の彼は、「一対一では気まずいので付き添ってください」と言ってきます。そこで彼に付き合って食事の場に行くと、向こうの女性も同じ思いだったらしく、上司である長澤さんを連れてきたのです。若い二人をそっちのけで、われわれは意気投合。それから長澤さんとは年に1回は食事をするようになりました。

長澤さんは、その後、集英社で『月刊プレイボーイ日本版』の編集長を経験したあと、集英社の子会社のホーム社に移ります。それまでの雑誌の仕事を離れ、家族やこども向けの書籍を担当することになり、私のことを思い出したというわけです。

こうして「こどもニュース」の苦労話をまとめた書籍が出ました。単行本の題名は『ニュースなんでも探偵団』。まったく売れず、初版止まりでした。「本が売れない」悲哀を、このとき経験します。

その後、この単行本を集英社文庫で出すことになったので、私は『これが「週刊こどもニュース」だ』という題名に変更してくれと頼みました。「週刊こどもニュース」の存在を多くの人が知るようになった実感があったからです。この題名の文庫になってからは、幸いにもロングセラーになり、いまもＮＨＫの放送外収入に貢献しています。

「現代史」が書きたい

次に、私が長澤さんに提案したのが現代史の本です。「週刊こどもニュース」を担当したところ、第二次世界大戦後の現代史をいかに多くの人が知らないかを痛感することになります。日本の高校では、日本史も世界史も、第二次世界大戦あたりで時間切れ。大学入試でも出ないので、多くの受験生は勉強する必要がありません。

ところが、日々の世界のニュースでは、現代史の知識が必須です。それを身に染みて知ったのは、１９９６年の台湾総統選挙のときです。第１章で触れたように李登輝総統が、それまで間接選挙だった総統の選出を住民投票で行うと決めたところ、これが「台湾独立」につながるのではないかと恐れた中国が露骨な脅し戦略を取り、台湾周辺でミサイル発射訓練や上陸演習を開始します。これがニュースになったところ、「こどもニュース」のスタッフの一人が、「なんで中国と台湾は仲が悪いんですか」と聞くではありませんか。愕然としたまさにそのころ、朝日新聞のベテラン記者が、「若い記者から中国と台湾はなぜ仲が悪いのかと聞かれて驚いた」というコラムを書いていました。

そうか、ＮＨＫも朝日新聞も同じなのか。ここにニーズがある。視聴者も読者も、勉強してこなかった現代史のことを知りたいのだ、と確信しました。

そこで私が思いついた書名は、『そうだったのか！現代史』でした。中国と台湾の関係だけではありません。朝鮮戦争やベトナム戦争、中東戦争など、国際ニュースを理解するには必要な知識ばかり。長澤さんに、こういう本を書きたいのだと提案しました。

私の発想は簡単です。「こういう本が読みたい」と思っても存在しないのなら、自分で書いてしまおう、ということです。

さすが有能な編集者。すぐに私の意図を理解してくれて、若手の編集者である木葉篤さんと共に編集してくれました。

提案は通ったものの、実際に書き始めると大変です。膨大な資料を読み込み、読みやすい構成を考える。全体で原稿用紙６００枚にもなる大作になりました。

長澤さんと木葉さんは、この原稿に印象的な写真を多数配して、ムックのような形式の書籍に仕立て上げました。

幸いにも、これは売れました。当時、進学校の高校生たちがこぞって買い求めた、という話をあとで知ることになります。

その後、『そうだったのか！日本現代史』『そうだったのか！現代史パート2』と続きます。パート2を書くときには、夏休みを利用して自腹でベトナム、ラオスに取材に行きました。

シリーズは現代史に限らず、『そうだったのか！アメリカ』『そうだったのか！中国』と国別版に発展します。中国・北京で日本人留学生たちに会ったときに、全員が『そうだったのか！中国』を持っていたのには感激しました。この一連の書籍は集英社文庫となって、いまも版を重ねています。

講談社からはニュースの解説書、ホーム社からは現代史。この二つの路線によって、当分は出版だけでなんとかなりそうだ。この思いが、やがてNHK退社へと自分の背中を押しました。NHKの早期退職制度を利用し、役職定年が57歳のところを54歳で辞めました。

その時点では民放に出る話などまったくありませんでした。まぁ1年、2年は何とかやっていけるだろうという気持ちで、フリーランスの道に入っていきました。

首都圏ニュースを担当しながら、週に1回の連載を引き受けて、テーマに合わせた勉強を重ねる。それが5年。「週刊こどもニュース」でも、そのペースは基本的に変わりませんでした。こどもニュースは11年間続けましたから、都合16年間、国内、国外問わず、さまざまなテーマのニュースを深掘りしたことになります。

首都圏ニュースを担当したあと、もし希望通り社会部に復帰していたら、現在のように国際情勢など、さまざまな分野について語ったり、書いたりはできなかったはずです。そういう意味では、たとえ意に染まない処遇でも、決して腐らず、その場所で全力を尽くすことが大事なのです。

身銭を切って大学へ

NHK時代に自分に課したことがあります。私は記者です。そこで、特ダネを書き、分かりやすい原稿を書くことにおいては、誰にも負けない記者を目指しました。

その一方で、記者でもテレビ画面に出てリポートします。NHKの一流のアナウンサーにはかないませんが、少なくとも下手なアナウンサーよりはましなアナウンスができるように心がけました。

また、企画ニュースや番組も作りました。これもNHKの一流ディレクターにはかないませんが、平凡なディレクターよりはいい番組を作ろう。

これらが、私のひそかな仕事上の目標でした。

本を書くようになって、番組づくりのノウハウが大いに役立っています。フリーランスとして民放テレビで出演するようになり、自己流のアナウンス技術にもそれなりの進化が見られます。

自分の本業以外でも、あくまで目標としては一人前の仕事人を志す。それが大事なのです。

さて、フリーになって改めて、私は自分の棚卸しをしてみました。これから一人で仕事をしていくのに、足りないものは何か、と考えたのです。

すぐに思い浮かんだのは「アジア情勢」に関する部分が弱いということです。もう一つは「金融論」です。さらに、海外取材の経験が不足しているのも弱さの一つと考えました。

「アジア」に関しては、拓殖大学に社会人向けの優れたプログラムがありました。夜間のコースです。拓殖大には北朝鮮の専門家から中国の専門家まで揃っています。そこに毎週、学生として通いました。

学生時代の先輩が先生をしていて、私の顔を見て、「なんでおまえがここに?」と驚かれました。授業がやりにくそうでした。

受講生は定年退職しても勉強したいという熱心な高齢者ばかり。学習意欲にあふれ、授業が終わった後は先生が質問攻めにあっていました。

「金融論」については、番組などで散発的に取り上げていたものの、いつか系統立って理解しておく必要があると感じていました。

こちらは慶應義塾大学の丸の内キャンパスで受講しました。聞きに来ているのは会社から派遣されたバリバリのビジネスパーソンばかり。突然財務担当になったので勉強しに来たという人が多数でした。みんな費用は会社持ち。私のような年齢で、しかも自費で来ているのは私だけでした。

10回シリーズで、毎週1回なので、2カ月半通いました。債券の流通価格が上がると金利が下がる、というのは、よく私が解説していたことですが、金融論の正規の学問ではどう説明するのか。理論的な説明を聞いて納得しました。でも結局、「私の説明のやり方のほうが、経済学の知識のない人には分かりやすいはずだ」という確認につながったのですが。

さらに、明治大学のビジネス講座にも通いました。こちらは外国為替の実務を学ぶのが目的です。円高・円安の仕組みは分かっていますが、実際の取引の場で何が行われているか、現場の人たちがどういう仕事をしているか知りたかったのです。

昼間のコースで、受講生は企業から派遣された金融関係の現役ビジネスパーソンが中心です。会社の外国為替部門に配属され、にわか勉強の必要が出てきた人や、資格のための受験勉強で来ているビジネスパーソンやＯＬたちがほとんどです。同じく身銭を切って受講しているのは、私だけだったのではないでしょうか。

かつて商社で外国為替の現場にいた人が講師を務めました。正直を言えば、知っている話ばかりで、説明も決してうまいとは言えませんでした。失礼ながら、「なるほど、こういう説明をしてはいけないのだ」という反面教師として役に立ちました。

いずれ起こる問題を先回りして取材

ＮＨＫを辞めた理由の一つとして、海外のニュース現場をこの目で見たいという思いがありました。そこで、真っ先に中東調査会（外務省所管の財団法人）の会員になったのです。中東の取材をするときは、現地のコーディネーターを紹介していただくなど、同会のお世話になることが多々あります。

私がＮＨＫを辞めたのは１９９５年。当時、イランがひそかに核開発をしている疑いがあると報じられ始めていました。いずれ大きなニュースになる。そう考え、航空券の手配やビザの取得、ホテルの手配などすべて自分で担当。実に勉強になりました。

いまから思えば、これだけの出費が将来への投資になるかどうか見通しはありませんでしたが、その後、イランがしばしばニュースになることによって、テレビでの解説や書籍の執筆依頼が舞い込みます。

中東戦争の解説を書くために、イスラエルやパレスチナ、ヨルダンの難民キャンプなどへも自費で出かけました。パレスチナ難民キャンプがどんなところなのか。ここに押し込められている若者たちが、どんな思いでいるのか。実際に目で見て話を聞く。これがジャーナリストの基本行動だと痛感しました。

さらに、旧ユーゴスラビアの内戦について知るためにはサラエボへ。アパルトヘイトの歴史を知るために南アフリカへ。南アフリカでは差別されてきた黒人居住地で黒人家庭にホームステイしました。このように世界各地を飛び回ることができるようになったのも、フリーランスという立場のおかげです。ギリシャを取材しておいたことは、その後のユーロ危機でのギリシャ危機の解説に役立ちました。

また、私が特に注目したのがウクライナでした。旧ソ連からウクライナが独立したことで、クリミア半島はウクライナのものになりますが、クリミア半島にあったソ連の海軍基地は、ロシア海軍基地とウクライナ海軍基地に分割されます。ロシアが、これで満足するはずはない。いずれロシアとウクライナの間で紛争に発展する。そう睨んで、クリミア半島にも出かけました。

ここでの取材は、2008年に集英社の『大衝突』にまとまりました。その後、2014年、ここで書いたシナリオと酷似した紛争が勃発します。いずれ起きるであろう紛争を予想して先回りして取材する。この方式が功を奏しました。

これらの事例から、フリーになって、「自発の越境」が増えたことがお分かりいただけたと思います。フリーには行動の自由もあれば、テーマの自由もあります。

もちろん、テレビの制作者や雑誌の編集者が興味を持ってくれなければ、無駄な投資に終わってしまうわけですが、それでもいいと私は思うのです。歴史的な地に立ったということだけでも、後々の糧になるし、自信にもなるからです。

第3章　リベラルアーツは越境を誘う

1　画期的アイデアが生まれる背景

生き方の幅が違う

アメリカではプロ野球選手が現役を退き、第二の人生を歩み出したとき、医学部に入って医者になったとか、大学院で経営学を学び始めたとかいうニュースを耳にすることがあります。そのたびにずいぶん向こうは生き方に幅があるなという印象を受けます。

実際、大リーグ、ロサンゼルス・ドジャースから広島東洋カープに移籍したゲイル・ホプキンスは、チームの主軸として球団初のセントラルリーグ優勝に貢献し、その後、南海ホークスに移るも、１シーズンで現役を引退。帰国後、シカゴのラッシュ医科大学に入学し、整形外科医になりました。オハイオ州で病院を開業し、自らも患者の診察にあたり、地元の大学で聖書学の講義もしていると言います。

さらにアメリカではオフのとき、いつもとは違う筋肉を使うことが奨励されるそうです。つまり野球選手であれば、それ以外のテニスや水泳などをやるわけです。日本ではオフに自主トレに入っても、相変わらず野球の練習をしています。

オフでの筋肉の使い方とリタイア後の人生選択に、同じ思想を感じます。どちらも考え方が柔軟で自在なのです。別項でも触れましたが、日本には一つのことをやり通すことがいい、という牢固とした思想があります。それがスポーツであろうと、人生という長いスパンであろうと、われわれの選択肢を狭めている可能性があります。この本のテーマで言えば、日本はいろいろな意味で越境のしにくい国だということです。

リベラルアーツを軽視する文科省

リベラルアーツという言葉を聞いたことがあると思います。これは専門の世界に入る前に、いろいろなことを横断的に（越境的に！）身につける学問のあり方を言います。東京工業大学で同僚だった上田紀行教授（現在は東工大リベラルアーツ研究教育院長）は、「リベラルアーツは人を自由（リベラル）にする」と言っています。また、リベラルアーツはいろいろな知を相渉《あいわた》る、という意味でも、越境です。

2015年6月、文部科学省は、「文部科学大臣決定」として、全国の国立大学法人に対し、「国立大学法人等の組織及び業務全般の見直しについて」という通知を出しました。次のような文章です。

〈特に教員養成系学部・大学院、人文社会科学系学部・大学院については、18歳人口の減少や人材需要、教育研究水準の確保、国立大学としての役割等を踏まえた組織見直し計画を策定し、組織の廃止や社会的要請の高い分野への転換に積極的に取り組むよう努めることとする〉

「人文社会科学系」とは、まさにリベラルアーツです。文科省は、リベラルアーツは「社会的要請」が低いから必要ないと言っているのです。なんという視野の狭さ。リベラルアーツを学ばずに文科省に入省した人が書いた文章でしょうか。

この通知が出ると、日本学術会議の幹事会は7月、次のように異議を申し立てました。

〈総合的な学術の一翼を成す人文・社会科学には、独自の役割に加えて、自然科学との連携によってわが国と世界が抱える今日的課題解決に向かうという役割が託されている。このような観点からみると、人文・社会科学のみをことさらに取り出して「組織の廃止や社会的要請の高い分野への転換」を求めることには大きな疑問がある〉

学術会議は、疑義を呈した問題意識を、次のように説明しています。

〈今日、社会が解決を求めている様々な課題に応えるために、自然科学と人文・社会科学とが連携し、総合的な知を形成する必要があるとの認識はかつてなく高まっている。その際、現在の人間と社会のあり方を相対化し批判的に省察する、人文・社会科学の独自の役割にも注意する必要がある。自然・人間・社会に関して深くバランスの取れた知を蓄積・継承し、新たに生み出していくことは、知的・文化的に豊かな社会を構築し次世代に引き継いでいくことに貢献すべき科学者にとって、責任ある課題であることを認識しなければならない〉

文科省の通知に反発したのは学者たちばかりではありませんでした。経団連も9月になって、「国立大学改革に関する考え方」を発表しました。以下のように述べています。

〈今回の通知は即戦力を有する人材を求める産業界の意向を受けたものであるとの見方があるが、産業界の求める人材像は、その対極にある。かねてより経団連は、数次にわたる提言において、理系・文系を問わず、基礎的な体力、公徳心に加え、幅広い教養、課題発見・解決力、外国語によるコミュニケーション能力、自らの考えや意見を論理的に発信する力などは欠くことができないと訴えている。（中略）理工系専攻であっても、人文社会科学を含む幅広い分野の科目を学ぶことや、人文社会科学系専攻であっても、先端技術に深い関心を持

ち、理数系の基礎的知識を身につけることも必要である〉

7月に学術会議が声明を出したときには何の反応もしなかった文科省ですが、経団連の声明には敏感に反応しました。声明の2日後、当時の下村博文文科相は「非常に誤解を与える文章だった」と認めました。「廃止」対象になっているのは教員養成系の学部の中の教員免許取得が義務づけられていないコースだけだと釈明したのです。通知の文章を素直に読めば、とてもそんなふうには受け取れないのですが。

早くから「役に立つ学問」を教えていれば、社会に出て「役に立つ人」になる。文科省の官僚には、こんな思い違いがあるようです。

人文・社会科学を重視してきた東工大

東京工業大学は、そもそも実学を目指して設立されました。工学系の分野で「役に立つ人材」を養成するためです。しかし、だからこそ東工大の先達たちは、人文・社会科学を教えることの大切さを認識していました。過去に東工大では宮城音弥、伊藤整、江藤淳、永井陽之助、永井道雄など錚々《そうそう》たる学者たちが、理系の学生たちを教えていました。

こうした成果の一つが、「小澤の不等式」です。名古屋大学の小澤正直教授が2003年に提唱し、国際的に大きな反響を呼びました。彼は、それまで定説と思われてきた「ハイゼンベルクの不等式」に異議を唱えたのです。

ハイゼンベルクの不等式とは、電子や中性子などごく小さいモノの位置と速度を同時に計測することはできないというものでした。電子の位置を測定するためには、ガンマ線など波長の短い電磁波を当てる。電子にぶつかった電磁波は、ある方向に跳ね返ってくるので、その方向から電子の位置が分かる。ところが、ガンマ線はエネルギーが強いため、電子のほうも飛ばされてしまう。つまり、運動量が測定によって変化したせいで、しっかり測れなくなる。

ならば、電子の運動量に影響しないように配慮して、エネルギーの弱い電磁波、つまり長い波長の電磁波を当てる。すると今度は、運動量はよく分かるが、弱いエネルギーの電磁波では位置がはっきりしなくなる。

ミクロの世界では、このように対象となるモノの位置や運動量を同時に正確に測ることはできない。これがハイゼンベルクの唱えた「不確定性原理」です。この不確定性原理は、量子論の基本となる考え方でした。

ところが小澤教授は、そうとは言えない、つまり計測可能であるという不等式を提唱したのです。この理論は、オーストリアのウィーン工科大学の研究者が実験で検証し、正しいことが分かりました。

小澤正直教授は、実は東工大出身。東工大で情報科学を学びながらも哲学に惹かれ、東工大の哲学の吉田夏彦先生の研究室に入り浸って、哲学を学んだそうです。それが、彼の着想を豊かなものにしました。量子力学を研究する上で哲学的思考が大いに役立ったというのです。

一見、すぐには役に立たないかに見える哲学が、やがて量子力学を発展させることに役立つ。「すぐに役に立たない」ことは、「いずれ役に立つ」のです。

第二次世界大戦後、湯川秀樹博士が中間子論でノーベル物理学賞をとったのは、基礎に中国古典、漢文の素養があったからではないかと外山滋比古氏は指摘します。湯川博士の弟の環樹《たまき》氏は中国文学の大家でした。

危機に立つ日本の科学研究

２０１６年、オートファジーの研究でノーベル医学・生理学賞をとった大隅良典・東工大栄誉教授は、「流行を追うな」と述べられています。私も話を聞いたことがありますが、何かの役に立つと思って研究をしていたわけではない、ともおっしゃっています。画期的な学問とは、そういう中から生まれてくるもので、目的や成果に縛られて出てくるものではない、科学の真理を追究していただけだ、と言います。

結果、オートファジーはガンの治療などに役立っています。基礎研究をする人と、それを社会的に有用なものへ応用する人は別なのです。

文科省から研究予算をもらうには、その目的や成果をうたう必要があります。そういう短期目標の学問や研究ばかりしていると、世界を変えるような大きなことはできない、というのが大隅先生のおっしゃりたいことだと思います。

大隅先生の危機感が深いのは、彼の発見は何十年も前になされたものだからです。言ってみれば、過去の遺産が生んだ業績ということができます。その後、日本は科学研究の発展のために十分な資金を出していないではないか、という憤りが大隅氏にはあります。いま研究者に多額の研究費を出しているのは中国です。だから、あと20年後、30年後は毎年ノーベル賞を取るのは中国人ばかりになるかもしれない、と言われています。

なんと大隅先生は、今回のノーベル賞の賞金1億円をそのまま東工大に寄付しています。東工大の若手研究者で、生活的に苦しい人に奨学金を出そうという狙いです。窮余の策という感じがします。

国際的な科学雑誌『ネイチャー』は２０１１年以降、日本政府の研究開発への支出が減り、その影響で日本の科学の国際的なポジションが低くなっていると発表しました。科学者が選ぶ上位68の学術誌に掲載された論文を見ると、日本の論文の絶対数は12年より16年が８・３％減っています。範囲を広げてさらに多くの学術誌に掲載された論文数を見ると、05年から15年までに世界全体で約80％増えているのに、日本からの論文は14％増にすぎません。

これからの10年で何とかしないと、「科学研究でトップの国という地位を失いかねない」と同誌は警告しています。

ノーベル賞の科学ものは、だいたい発見から受賞するまで30年、40年かかります。例外的なのは２０１２年にｉＰＳ細胞で受賞した山中伸弥氏です。２００７年に世界的脚光を浴び、そこから数えると5年で受賞に至っているのは画期的な速さです。

あまりに革新的な研究は、年数が経たないと真価が分かりません。過去に、これはすごい成果だということで賞をあげたところ、間違いだったことが分かったというケースがあるので、審査するほうは慎重になります。だいたい純粋理論のようなものは、現実に証明されないかぎり、本物かどうか分かりません。

ノーベル賞は生前に渡すことになっていますから、長生きも大事な要件の一つです。ノーベル賞受賞者の小柴昌俊氏は、弟子の戸塚洋二氏が66歳で亡くなったとき、もう少し生きていればノーベル賞が取れた、とおっしゃっています。実際に内定までしていたのに、死がそれを阻んだのです。

よく私は東工大生に言います。「君たちも将来ノーベル賞を取れるかもしれないけれど、そのために一番大事なことは長生きすることだ」と。まあ、これはブラックジョークですが。

「何の役にも立ちません」

先に名前を出した小柴氏はニュートリノの研究でノーベル物理学賞を受賞しました。受賞後、私が担当していたNHKの「週刊こどもニュース」に出演していただき、こどもたちに説明してもらったのですが、そのとき、私は「これ何の役に立つんですか」と聞きました。すると小柴氏は「何の役にも立ちません」とはっきり言い切るではありませんか。

理屈としては、これで宇宙の構造が分かると言いますが、「宇宙の構造が分かったからといって、私たちの暮らしが良くなるわけではありません」とのことでした。

ところがその後、ニュートリノになる前の段階のミュー粒子が、何でも貫通してしまうのに、火山のマグマは通りにくいことが分かります。これにより、マグマがどこにあるかを特定する、いわば火山のレントゲン撮影ができるようになりました。つまり、役に立つようになったのです。

同じ理屈で、名古屋大学の研究グループが、エジプトのピラミッドを通過するミュー粒子を観測し、ピラミッドの中に未知の空間があることを突き止めました。

何の役にも立ちません、と思って研究していたら、ほかのどこかで役に立ってしまった、というわけです。科学の世界にはこういうことがよくあります。

まったく新しいがん治療薬として脚光を浴びているオプジーボの開発者本庶佑《ほんじょたすく》氏も、同趣旨のことをおっしゃっています。専門分野においては研究の目標すら見えなくなりがちだし、ブレークスルーは狙ってできるものではないと言います。「特に生命科学では、ある分野で分かったことが考えもしなかった分野とつながって重要な意味を持ってくる」とも。まるで越境論です。

2　すぐ役立つものは、すぐに陳腐化する

リベラルアーツの起源

われわれは、アメリカはプラグマティズムを体現する効率一点張りの国で、大学でもすぐに役立つ学問を教えている、と思い込んでいないでしょうか。

ところが意外なことに、アメリカの有名大学になると、日本では排除されつつあるリベラルアーツが大変重視されていることに気づきます。

まずリベラルアーツの起源を述べておきましょう。ギリシャ、ローマ時代では、肉体労働は奴隷に任せ、自由人は「自由七科」と言われる教養を身につけることが求められました。その7つとは、文法、修辞学、論理学、算術、幾何、天文学、音楽です。ここで目を引くのは音楽ですが、それについてはあとで触れることにします。

文法、修辞学、論理学は、弁論が大きな力を持っていた時代には必須の学問だったのだろうと予想ができます。その3科が人間の根っことして必要なもの、残り4科が自分を羽ばたかせていくもの、と言えるのではないでしょうか。

13世紀にヨーロッパで大学が誕生すると、専門家養成に進む前の基礎学問としてリベラルアーツは位置付けられました。ちなみにヨーロッパ最古の大学と言われるボローニャ大学は1088年の創立だと言われています。

この伝統は欧米の大学では生きていて、特にアメリカではハーバード大学のように学部4年間はリベラルアーツを学び、専門は大学院で学ぶ、というのが一般的です。さらに、アメリカにはリベラルアーツカレッジが数多くあります。よくハーバードビジネススクールを出ましたという人がいますが、それは大学院を出たということです。

戦前の日本では旧制高校でリベラルアーツ教育が行われていました。戦後は、旧制高校が4年制の新制大学の教養課程になり、ここでリベラルアーツを教えることになりました。また一部に、欧米型のリベラルアーツ専門の大学も設立されました。

しかし、学生から大学の一般教養（パンキョーと略されました）に対して「高校の延長で面白くない」「早く専門教育を受けたい」という声が上がり、文科省は、大学での教育内容に関して細かく指示を出すのを止め、大学の自主性に任せるようになりました。「教育の自由化」の一環と言っていいでしょう。その結果、多くの大学で教養課程を解体したのです。

ところが、今度は学生を受け入れる企業側が文句を言い出しました。教養や常識のない新入社員が増えた、というのです。ちょうどオウム真理教に大勢の理工系の学生や卒業生が入信していたことも分かったころのことです。しっかりした教養があればそういうこともなかったのではという反省もあって、文部省の中央教育審議会が2002年、教養教育重視を再び掲げました。

それがまたここに来て、一般教養批判が文科省から出されたわけです。教育は国家百年の計と言います。こうネコの目のように方針が変わるようでは、いい人材など育ちようがありません。

日本のリベラルアーツ教育は何度か恣意的な波に洗われた、というのは記憶しておくべきことではないでしょうか。

「役に立つこと」は教えない

その日本から見ると、アメリカが育ててきたリベラルアーツの奥深さには嫉妬さえ覚えます。

2014年、東工大の同僚だった上田紀行教授と一緒にアメリカのハーバード大学、MIT(マサチューセッツ工科大学)、ウェルズリー大学を視察したときのことです。

MITは世界トップレベルの理工系大学。ところが意外にも音楽教育が充実していて、ピアノのある音楽教室がずらっと並んでいました。MITには音楽のできる学生が多いと言います。

前述したリベラルアーツの七科に「音楽」が入っていたことを覚えておられると思います。音楽は数学的な構造を持つものだと言われます。理系の学生と相性がいいのも、何となく分かる気がします。

MITで印象的だったのは、こちらが当然のように、「最先端のことを教えてらっしゃるんでしょうね」と先生方に尋ねたところ、「いや、そんなことはありません」という答えが返ってきたことです。

「いま最先端のことは4年程度で陳腐化します。すぐに陳腐化することを教えても仕方ありません。新しいモノを作り出す、その根っこの力をつけるのがリベラルアーツです。すぐに役立つものは、すぐに役立たなくなります」

見事な言葉だな、と感心したのですが、考えてみれば、それは慶應義塾の塾長で、いまの天皇が皇太子のときに家庭教師をした小泉信三の言葉と同じだったのです。リベラルアーツの真髄を聞いた気がしました。

ボストンにあるエリート女子大のウェルズリー大学は、ヒラリー・クリントン、マデレーン・オルブライト（クリントン政権時の国務長官）などが輩出した名門のリベラルアーツの大学です。ここでは経済学は学ぶものの、経営学は教えないそうです。理由は「役に立ちすぎるから」。

これには驚きました。経済学は人間を知るためには大事な学問ですが、経営学は役に立つ分、すぐに陳腐化する。そうした実学は「ビジネススクールで学べばいい」という考え方なのだそうです。

「企業からもっと役立つことを教えろ、と圧力があります。でも、大学が断固としてはねつけているんです」

仕事の話しかできない日本人

アメリカのバラク・オバマ前大統領が、ハーバード大学ロースクールを出たことはよく知られていますが、高校を卒業後、最初に入学したのは、アメリカ西海岸で最も古いリベラルアーツカレッジの一つであるオクシデンタル大学（カリフォルニア州ロサンゼルス）でした。2年後、ニューヨーク州のコロンビア大学に編入し、卒業後、社会経験を経てロースクールに進み、弁護士の資格を得ました。

彼の演説の見事さは、スピーチライターの存在があるにせよ、その背景にこうした教養の積み重ねがあるのです。

フランスの大学入学資格試験には「哲学」が出題されます。たとえば「不可能を望むことは不条理であるか？」といった試験問題に4時間もかけて答えるのです。

フランスのエマニュエル・マクロン大統領は、こうした試験を通ってきたのです。およそ哲学のことなど考えたこともなさそうな日本の政治家たち。議論で太刀打ちできるのでしょうか。

アメリカでも学会や会議があると、夜にはたいていパーティーが催されます。そこで仕事の話をするのは無粋だとされています。オペラを話題にしたり、印象派の絵画について蘊蓄《うんちく》を披露したり、教養の幅と深さが求められます。

日本人はそういうパーティーの席でも仕事の話をするので敬遠されます。それはほかに話題を持たないからです。

エッセイストの河村幹夫氏は三菱商事に勤め、ロンドン勤務になり、シティ（金融街）の人びとの集まるパーティーに出るようになって、自分の話題の材料の少なさに愕然としたそうです。それから一念発起、英国人の好きなシャーロック・ホームズを研究し、シャーロキアンとなって、シティの人間の鼻を明かしたと言います。

不当な「ゆとり教育」批判

リベラルアーツを学ぶ意味は、短期的な成果を追わず、人間としての成長を目指すということです。すぐには専門を学ばず、さまざまな学問を越境して学ぶということです。皮肉にも、そのためのゆとりをもたらそうと始まった「ゆとり教育」は、見当違いの批判を受けてしぼんでしまいました。

「ゆとり教育批判」が始まったのは、OECD（経済協力開発機構）が3年おきに実施しているPISA（学習到達度調査）の順位が下がったことがきっかけでした。

PISAには世界各国から15歳の生徒が参加し、読解力、数学的リテラシー、科学的リテラシーのそれぞれについて、出された問題への解答結果から達成度を測ります。PISAは詰め込みの知識を問うのではなく、「義務教育修了段階の15歳児の生徒が持っている知識や技能を、実生活の様々な場面で直面する課題にどの程度活用できるかを評価」するものです。

日本が参加した2000年には日本の成績は世界トップレベルでしたが、2003年、2006年と、日本の生徒の成績が下がったことから、PISAショックとも言うべきものが日本の教育界に走りました。「ゆとり教育のせいで学力が下がった」と言われたのです。

その後、2009年、2012年と日本の成績は向上。「ゆとり教育を止めた成果だ」と評されました。

本当にそうでしょうか。

実は2003年、2006年と順位が下がった主な理由は、参加国が増えたからです。2000年に日本の成績が良かったときに参加していなかったシンガポールや香港が新たに参加したことで順位が下がったのです。点数を見ると、日本はこれまでと比べて特に下がったわけではありません。順位だけを見て、「学力が下がった」とマスコミが騒いだのです。その報道を受けて政治家たちも、「ゆとり教育は間違いだった」と言い出しました。

しかし、「ゆとり教育」とPISAの成績の因果関係を見ると、事態は逆であることが分かります。

「ゆとり教育」という言葉は１９８０年代からありましたが、本格化したのは、２００２年４月の学校週5日制導入からです。これで授業数は1割減。さらに、学習指導要領の改訂で同年度から教える内容が3割削減されました。

順位が下がった２００３年に調査した生徒は、わずか1年しか本格的なゆとり教育を受けていません。２００６年に調査した生徒はゆとり教育を4年間受けました。

その後、順位が上がった２００９年の調査の生徒は、小学校3年から7年間ゆとり教育を受けた生徒です。２０１２年にはさらに順位が上がりますが、このときの生徒は小学校6年間でゆとり教育を、中学の3年間でも国語についてはゆとり教育を受けています。

これで明らかなように、ゆとり教育以前の子が成績を下げ、ゆとり教育以後の子が成績を上げているのです。

実に皮肉なことですが、「ゆとり教育」を受けたこどもたちが、最近の高順位を獲得しているのです。

さらに、このところスポーツや音楽など世界で活躍するようになった若者たちは、いわゆる「ゆとり世代」です。学校教育のカリキュラムに余裕が生まれ、さまざまな活動ができるようになった成果が花開いているとも考えられます。

ちなみに「ゆとり教育」で一番大きな誤解は、円周率を3・14ではなく、切りのいい3で教えるようになった、というものです。

実際は、ゆとり教育になっても円周率3・14はそのまま教えられていたのです。ただし、小数点の計算を習う前に円の面積や円周の計算をするときは3で計算していい、となっただけです。3・14はあとで教えることになったのです。

ある学習塾がここに目をつけ、「3・14が3になる」「さよなら台形君」という一大キャンペーンを打ちました。そこには、公立中学に行くと3・14を教えなくなりますよ、ちゃんと受験勉強して私立に行きましょう、というメッセージをほのめかすことで塾生を獲得する狙いがあったのです。

第4章

異境へ、未知の人へ

1　使える「ゆるやかな演繹法」

金日成とリンカーン

かつて松尾芭蕉は、旅への誘いを『おくのほそ道』に、こう記しました。

「予もいづれの年よりか、片雲の風にさそはれて、漂泊の思ひやまず、海浜にさすらへ、（中略）そゞろ神の物につきて心をくるはせ、道祖神のまねきにあひて、取もの手につかず」

いまいる場所から旅に出る。まさに別の場所への越境です。越境してこそ見えてくるものがあります。フリーランスになって以降、世界各地に足を運び、ニュースの現場、現代史の現場に立つことで見えてきたものがあります。新たな着想を得たこともありました。そんな物理的な越境から見えてくる世界の様子を考えてみましょう。

アメリカは民主主義を体現する国だと言われます。それを説明するのにはさまざまな方法がありますが、連邦議会とホワイトハウスの位置関係を見ると、妙に納得がいきます。

連邦議会があるのが丘の上、キャピタル・ヒルです。その丘から見下ろすと、低地の湿地帯に大統領官邸＝ホワイトハウスがあります。連邦議会はどこからも視野に入り、ホワイトハウスは近づかないと見えません。

つまり、一瞬にして立法府と行政府の力関係が分かるのです。そもそもアメリカは、連邦議会である立法府が大きな力を持っていました。予算編成権も議会が握っています。

こうしたことは机上の知識として学びますが、現地に足を運ぶことで、一目瞭然なのです。その連邦議会と連邦議員の前で、新大統領は就任式を行います。立会人は連邦最高裁判所長官。長官を前に宣誓を行います。立法と行政と司法という三権分立の関係が視覚化されているのが、分かります。

これが現場に行くことの面白みです。事前に学んだ知識と具体的な映像が合成されることで、本質が見えてきます。

ワシントンのこの場所は、何度も訪れていますが、北朝鮮を取材したあとでワシントンに来たとき、平壌とワシントンが突然結びつきました。

北朝鮮の首都・平壌《ピョンヤン》には大同江《テドンガン》という川があり、その近くに金日成《キムイルソン》の銅像が建ち、街を睥睨《へいげい》しています（現在は金日成の横に金正日の像も建てられました）。

ワシントンのポトマック川の近くにリンカーンの記念堂があり、巨大なリンカーンが前方を見つめています。その視線の先にあるのが、連邦議会の議事堂なのです。

首都を流れる川の横に、その国の人びとが敬愛する人物の巨大な像があり、人びとや街を見渡す。権力の構造は、政治体制が違っても、似てくるものだという感慨に襲われたのです。

映像が映像を呼んで、これまで関係がなかったものどうしが結びつく。それはえてして、ものごとの本質を衝《つ》いている可能性がある――取材経験を重ねていると、よくこういう現象が起きます。あれっ、この光景はいつかどこかで見たな……と。

セルビアの難民

フリーランスになってから、世界各地の紛争地や難民キャンプを取材してきました。そこで思い出す文章があります。

「幸福な家庭はすべてよく似たものであるが、不幸な家庭は皆それぞれに不幸である」

レフ・トルストイの『アンナ・カレーニナ』の冒頭の言葉です。難民キャンプに入っている難民たちは、「不幸」ではあるのですが、一律に同じように「不幸」なのではありません。

「それぞれに不幸」なのです。

２０１５年にヨーロッパに大量に押し寄せた難民は、とりあえずドイツが多くを引き受けたことで、なんとなく収束したような気がしていますが、実際のところはどうなのか。テレビ東京の２０１７年の新春特番で視聴者に伝えようと考え、２０１６年の暮れ、セルビアに入りました。

いま世界では、難民および国内避難民をあわせると約６５００万人いると言われています。難民とは、国外に出た人で、家を追われながらも国内に留まっている人が国内避難民です。シリアの難民は４９０万人、国内避難民が６６０万人で、シリア国民の２人に１人は住む家を追われています。

難民の現状を知ってもらうには、どこがいいか。そこで注目したのがハンガリーの右派政権の対応です。大量の難民を受け入れたくないということで高い壁を作ったのです（どこかの大統領のことを思い出す人もいるでしょう）。

ドイツが難民受け入れを表明した際、シリアばかりか遠くアフガニスタンなどからも大勢の難民が陸路ハンガリーに入り、そこからオーストリアを通ってドイツへというルートができ上がりました。その前は北アフリカから地中海を船で渡ってヨーロッパに入るルートが主でしたが、大勢の難民を乗せた船が途中で転覆して多数の死者を出す事故が相次いだため、遠回りではありますが、バルカン半島を陸路で通る難民が増えたのです。

ハンガリーが壁の建設に着手する前のニュース映像を見ると、奇妙なことに気がつきます。ハンガリーは難民条約に加盟しているので、自国に入った難民は無条件に受け入れなくてはなりません。しかし、現実には受け入れたくない。そこで、押し寄せる人びとを国境で放水して押し返していたのです。

ところが、難民が強行突破してハンガリーに入った途端、警察官がその難民に飲み水を与えています。国際的な協定という抽象的なものが、現場では、このように効力を発揮しているのです。

それでも、もうこれ以上の難民は受け入れたくない。そうしたハンガリー政府の強硬な方針のために、セルビアに留まった難民たちは約1万人と言われていました。彼らはどうしているのでしょう。

越境を押しとどめられた人たちの姿を求めて、私たち取材班はセルビアに向かったのです。

難民キャンプに入らない難民の日常

どこに行っても難民キャンプは市街地から離れた場所に建設されます。ヨルダンにあるシリア難民キャンプは、砂漠の中に急ごしらえでした。セルビアの難民キャンプは、草原の中に建てられていました。

現地でまず気づくのは、難民キャンプにいるのは女性やこどもたちだということです。男たちは難民キャンプに近寄らず、市街地にいます。難民キャンプに入ると、セルビアで難民申請をしたことになるからです。セルビアで難民認定を受けると、セルビアに定住することになりますが、難民たちは、貧しいセルビアではなく、豊かなドイツに行きたいのです。

家族で逃げてきた難民たちは、妻やこどもたちを難民キャンプに入れ、自分たちは単身でもドイツ入りを目指す。ドイツで難民として認定されたら定住でき、それから家族を呼び寄せる、というわけです。

だから、男たちはホームレスのように公園に屯《たむろ》しています。こうした事情は現地に行ってみないと分かりません。

さらに目を引かれるのは、難民キャンプの建物の古さです。つまり難民が来たから、慌てて建てたというのではないのです。以前は何に使われていたのか、と尋ねると、旧ユーゴスラビア内戦で発生したセルビア系難民を収容していたというのです。

東西冷戦終結後、ユーゴスラビアを構成していたスロベニアやクロアチアが次々に独立しますが、ボスニア・ヘルツェゴビナは深刻な内戦に突入します。ユーゴスラビアに留まりたいセルビア系住民と、独立したいボシュニャク人（イスラム教徒）やクロアチア系住民とが内戦になったのです。

その結果、難民となったセルビア系住民が、セルビア本国に逃げてきたのです。

旧ユーゴスラビア連邦は第二次大戦後、スロベニア、クロアチア、ボスニア・ヘルツェゴビナ、セルビア、モンテネグロ、マケドニアの6つの共和国が集まってできました。それぞれの共和国は民族別に形成されましたが、ボスニア・ヘルツェゴビナだけは、多様な民族が暮らしていたのです。

内戦が一段落すると建物はずっと使われずにいたのですが、ここに来て、また出番がやってきたということで、少し修繕して再利用していたのです。

一方、市街地に留まっている男性たちは、公園などでホームレスのようにしています。「どこに住んでいるのか？」と聞くと、寝場所に案内されました。古い空き倉庫に勝手に入り込み、そこをねぐらにしていました。

中に入ると、昼でも薄暗く、そこに人がうずくまっているのがようやく見えます。暖をとるためにたき火をしているので、その煙でむせかえりそうです。

まさか、こんなにひどい環境にいるとは。セルビア政府が見て見ぬふりをしているのです。アフガニスタンから来たという若者に、「こんなひどいところにいて大丈夫ですか?」と問うと、「(タリバンに) 殺されないですむだけ本国よりましです」という答えが返ってきました。

彼らは、いつかはハンガリーに入り、ドイツに行きたいと望んでいるのです。

よくドイツでは、大量に難民を受け入れながら町でその姿を見かけることが少ないと言われます。それはドイツという国の特性からきたものです。ドイツは連邦国家。州の人口とGDPに合わせて難民を割り当てました。ドイツに入った難民は各州に振り分けられているため、あまり目立たないのです。

さらに言えば、難民キャンプを作るのではなく、アパートの空き部屋に入れたり、いろいろな企業が空き工場や倉庫を提供したりしていて、きちんと生活費も出しています。こういう情報を難民たちは知っているので、遠路はるばるドイツへと向かうのです。

大洋をつなぐ小さな要衝

目の前に巨大なタンカーがゆっくりと通り過ぎていきます。下を見ると谷底のような深さに、水路すれすれに巨体が通っていきます。

船は左右からロープでつながれ、小さな電気機関車が引っ張りながら、レールの上を船と同じ進行方向に移動していきます。船が岸壁に接触しないように、左右から引っ張って均衡を保っているのです。電気機関車は日本製です。

種明かしをすれば、これはパナマ運河を通る船の描写です。船はその細い水路を一日かけてゆっくりと、大西洋から太平洋へ、あるいはその逆に抜けていきます。細いと言っても幅は32メートルあります。運河ができたころはそれほど大きな船を予想していなかったのですが、技術の進歩で巨大船が誕生し、水路が相対的に狭くなったのです。

第二次大戦で日本軍と戦った米軍艦ウィスコンシンは、この水路の幅に合わせて船体を作りました。同艦はパナマ運河を抜けて太平洋に出て、レイテ、ルソン、硫黄島で日本軍と戦火を交えました。

運河の全長は80キロ。年間1万4000隻の船がここを通ります。

メキシコ湾から船で日本に物を運ぶ場合、幅が広くてパナマ運河を通れない船は、スエズ運河を通るか、アフリカ最南端の喜望峰を回ります。パナマ経由だと21日ですむものが、スエズ経由だと34日、喜望峰廻りはさらに2日多くて36日かかって、日本にやってきます。日数がよけいにかかるということは、燃料費はもちろん人件費や食料費もかさむということです。それに早く着いた船はほかの仕事に回すことができるわけで、ビジネスにとって経路の短縮はとても大きな問題です。

いまの巨大コンテナ船は、乗用車を7000台積んで航行できるそうです。日本から同コースを行き来して荷を運べば、1回の航路で1億円の経費がかかると言います。そうなると、もっと幅の広い、すんなりと通ることのできる割安の通路を、となるのは当然で、新パナマ運河ができたのが2015年のことです。

世界の政治経済が見える場所

私が取材したのは2016年10月。すぐ後に、アメリカのシェールガスを液体にしたLNG（液化天然ガス）の日本への1回目の搬入が予定されていました。中部電力と大阪ガスが買い付けたものです。実はそれを報道したくて、パナマ運河に向かったのです。

世界のエネルギー事情は、アメリカでシェールガスとシェールオイルの生産が本格化したことで、大きく変わりました。それまで石油や天然ガスという経済には欠かせない戦略エネルギーは中東に頼っていました。それが大きく変わったのです。石油も天然ガスも、以前ほどには価格が上昇しなくなりました。石油生産大国のサウジアラビアも、天然ガス生産大国のカタールも、価格低下に苦しんでいます。アメリカの中東傾斜にもブレーキがかかりました。前ほど中東に依存しなくてよくなったので、中東和平に前ほど興味を持たなくなったのです。

シェールとは頁岩《けつがん》という岩石層です。薄い岩の板が、まるでスイーツのミルフィーユのように重なっていて、岩の間にガスや石油が入り込んでいます。それを取り出すのが技術的に難しかったのですが、技術革新により可能となりました。このためテキサス州などでは一攫千金を狙う開発業者が大挙して押し寄せ、かつてのゴールドラッシュのような様相を呈しました。

その結果、アメリカは天然ガスの輸入国から輸出国に転じました。ただ、天然ガスを海外に輸出するには、ガスの形では無理なので、マイナス１６２度以下に冷やし、６００分の１の体積の液体にして運びます。これがＬＮＧです。

これまでアメリカは、中東からLNGタンカーでガスを輸送していました。LNGタンカーは大西洋を通りますから、パナマ運河を通る必要がありません。その結果、幅の広い船になっていました。

しかし、アメリカが日本などアジアに天然ガスを売る方針にしたことで、LNGタンカーがパナマ運河を通る必要が出てきました。そこで従来の運河の横に、幅の広いバイパスを建設。それが運用されるようになったので、取材に訪れたのです。

現地で話を聞いたところ、パナマ運河を通る船舶の数量に余裕が出たことで、中東のスエズ運河の通航料が下がったそうです。私たちは、パナマ運河とスエズ運河は遠く離れているので関係がないと思いがちですが、世界の海運業界は地球規模でコストを考えるので、競合関係になっているそうです。

アメリカでシェール革命が起きたのでスエズ運河の通航料が下がる。こんな因果関係を、パナマ運河の現地取材で見つけました。

パナマ運河を眺めているだけで、国際経済の現実が浮かび上がってきます。大西洋と太平洋を結ぶ運河。ここが文字通り越境の地だからです。

ゆるやかな演繹法

取材の仕方には、ざっくり分けて「帰納法」と「演繹法」があると思います。帰納法とは、調査・研究対象を数多く調べることで、ある特徴を見つけ出す手法です。演繹法は、あらかじめ立てた仮説が正しいかどうかを検証する方法です。

これを取材にあてはめると、帰納法は、とりあえず現地に行って、徹底的に調べることで、自分なりのテーマやストーリーを見つけ出す手法です。行きあたりばったりのところがあるので、幸運の女神がほほえめば実りの大きい取材になりますが、そうでないと、まとまりのないものになりかねません。テレビの取材で放送局に戻り、撮影してきた映像を見た上司が、「何が言いたいんだ」と怒り出すようなものになってしまう危険があります。

テレビ取材は、カメラマン、照明兼音声マン、ディレクター、リポーターと、最低でも4人。海外取材なら、現地のコーディネーターが加わって5人。旅費だけでもかなりの金額になります。現地に行ったけれど、めぼしいものは撮れませんでした、というわけにはいきません。当然のことながら、日本を出る前に綿密な下調べが必要になります。

現地のコーディネーターに依頼して、撮影できそうなものをリストアップしてもらい、撮影許可を得るための事前交渉もお願いします。

ディレクターは、そうした下調べをもとに予想される内容の台本を作成します。あらかじめストーリーを設定して取材に入るという点で、演繹法と言えるでしょう。

しかし、行く前から予想のつくものを、そのまま撮って帰ってきても、面白いものは期待できません。現地に行ったからこそ得られた新しい情報や、日本にいるときには想像もできなかった新鮮な映像や音声が得られて初めて、内容のあるものができます。

たとえば先ほどのパナマ運河の例で言えば、どんな映像が撮影できるかは、事前にある程度予想できます。でも、パナマ運河とスエズ運河が競争相手になっているという話は、現地に行ってみればこそです。

テレビの場合、制作プロダクションが下請けということが多く、発注元の放送局のプロデューサーから、「こういう内容を撮ってこい」と言われると、ひたすら命令通りに動くことになりがちです。決められた映像が撮れないとダメだと思い込んでいるので、場合によっては自分で作ってしまいます。つまりやらせが起きる構造がここにあります。

私が取材に行く番組の場合、こんなものが撮れるのではないかという予測のもと現地に行きますが、それだけにこだわりません。取材を始めてみると、往々にして意外な発見があるのです。その内容をどれだけ盛り込むことができるか。これが番組の成否を決めます。場合によっては、「こういう内容ではないかと思って現地に入ったが、意外な事実があった」と、手の内を明らかにすることもあります。それが番組の魅力になります。

私が〝ゆるやかな演繹法〟と呼ぶのは、このことです。

常に取材は、ギリギリのスケジュールで進みます。だから、心に余裕がないと、目の前にある宝も見逃してしまいがちです。先のセルビアの難民の話で言えば、公園で屯する難民の様子を映像に収めれば、それで番組は成立しますが、難民たちに「夜はどこで過ごしているの？」と聞いたことで、まったく予想もしていなかった映像が撮れたのです。

この〝ゆるやかな演繹法〟というのは、実は応用範囲が広いのです。狙いは定めておくものの、そこで発生する偶然の果実は取りこぼさない。事前にものを調べておくというのは、仕事のいろはです。しかし、ただ思い描いた通りのものを持って帰ってくるだけでは、発展がありません。見知らぬ何か、予想もしなかった何かを掴んでこそ、事前準備は生きたことになるのです。

当然、知の越境の場合も、〝ゆるやかな演繹法〟というのは不可欠な方法論です。旅に出る前に念入りに調べ、それをそっくり現地でなぞって帰ってきても、旅とは言えません。未知のものに触れていないからです。

しかしながら、無計画で出かけても、収穫はおぼつかない。こう書くと難しく感じるかもしれませんが、経験を積んでくると、たがのゆるめ方が分かってきます。そのためにも、常に心を自由に、外に開いておくことが大事になってきます。

異境に同じものを見出す

越境して見知らぬ土地に行くと、目に入るものすべてが新鮮に映ります。初めての土地は新しい発見ばかりです。

しかし驚くことに、異境の地で、時にデジャヴュに襲われることがあります。デジャヴュとは「既視感」。「どこかで見たぞ」という感覚です。異境で日本を、あるいはふるさとを見るのです。これも越境の一つの楽しみなのです。

イランに取材に行ったときのこと。同じイスラム教でもスンニ派は概して墓に無頓着なのに対し、シーア派は墓を大事にします。聖者廟つまりシーア派の聖人のための墓があります。そうした聖者廟の一つを訪れると、建物の外に白い紙切れが無数に結び付けられています。日本の神社でおみくじがくくりつけられているのとそっくりです。

これは、自分の願い事を書いた紙を結んでおくというのです。願いが叶うと、「お礼参り」に来るそうです。なんということ！　イスラム教は、私たちから見ると、異質な宗教に見えがちですが、人びとの思いは同じなのです。

こうした聖者廟や巨大なモスクの近くには〝門前町〟ができています。お祈りのグッズを売る店が軒を連ねます。店の2階は〝旅籠《はたご》〟になっています。遠くからお参りに来た人たちの宿泊場所です。

人間というのは変わらないものだ——異境に越境すると、そんな発見があります。

神話の類似性

もう一つ似た例を挙げてみましょう。

2008年の北京オリンピックの開会式の日に、ロシアとグルジアが戦争を始めました。南オセチアの領有権をめぐる争いでした。地図を見れば分かりますが、南オセチアはロシアとの国境から南、グルジアの中央部に達しようかという領域です。

グルジアとは、ロシア風の呼び名。ロシアと対立する同国は、日本に対して、「ジョージアと呼んでほしい」と申し入れ、現在ではジョージアと対外的な呼び名を変えました。英語圏では以前から英語読みでジョージアと言っているからです。

ジョージアと言えば、アメリカにジョージア州があります。中心都市アトランタにはコカ・コーラの本社があります。缶コーヒーの「ジョージア」は、州の名称から取られています。アトランタオリンピックが催された際、開会式でグルジアの選手団が入場行進すると、場内アナウンスは「ジョージア！」。観客席は大歓声でした。自分の州と同じ名称の国があることを初めて知った人たちが多かったからです。

それにしても、なぜ遠く離れた場所が、同じ名称なのか。素朴な疑問です。こうした疑問は放置することができません。すぐに調べてみました。その結果、グルジア（ジョージア）の神話にたどり着きました。

キリスト教の聖者にゲオルギウスという人物がいます。その聖者にまつわる「ゲオルギウスの竜退治」という伝説があります。

昔々あの地方では毎年麓まで竜が下りてきては、村の娘をさらって食べてしまうと恐れられていました。村人たちは毎回、誰の娘を差し出すのか、苦渋の選択をしなくてはなりませんでした。そこで抽選で決めようではないかと衆議一決。ところが、なんと最初に選ばれたのが王様の娘でした。

さあ、大変です。村人たちは頭を抱えました。そこにゲオルギウスという騎士が現れて、救いの手を差し伸べます。

「何かお困りですか。なに竜が村の娘を⁉ では、私が竜を退治してあげましょう」

かくしてゲオルギウスは、見事に竜を倒します。これをきっかけに、村人たちはキリスト教に改宗したというのです。

あれっ、これって、どこかで聞いた話ではないか。そうです、日本の八岐大蛇《やまたのおろち》の神話とそっくりなのです。退治したあと、大蛇の腹から出てきたのが草薙の剣。それが天皇家の三種の神器の一つです。

キリスト教圏では、「ゲオルギウスの竜退治」をモチーフにした絵画やレリーフをよく見かけます。馬に跨《また が》った騎士が槍で竜を刺し殺している構図です。この騎士が聖ゲオルギウスなのです。ここからゲオルギウスの国というので、ロシア語読みしてグルジアになったというわけです。

異国の地へ行こうと調べ物をしていて、そこに「日本」の神話を見る。これもまたはるかな越境です。

これでも十分に驚く話ですが、これではアメリカのジョージア州に結びつきません。聖ゲオルギウスの伝説が広がるにつれ、ヨーロッパのキリスト教圏では男の子が生まれると、ゲオルギウスにちなんで「ゲオルグ」と名付けるケースが出てきます。

かつてイギリス王室で後継者がいなくなったときに、ドイツから選帝侯を後継者として呼ぶことになりました。その人物の名前がゲオルグ。イギリスの国王になると、英語読みで「ジョージ」と呼ばれるようになります。いまのイギリスの王室は、この血筋を引きます。ジョージ二世の時代、北米にあるイギリスの植民地で新しく開拓した州に名前をつけることになり、ジョージ二世にちなんで「ジョージア州」と名付けられました。「ジョージア」とは「ジョージの国」という意味です。

これでグルジアとジョージアがつながりました。

さらに言えば、英語圏ではゲオルグにちなんでジョージという男子名はごく一般的になります。アメリカ建国の父ジョージ・ワシントンというように。

ロシアとグルジアが戦争を始めたとき、グルジア支援を宣言したアメリカの大統領はジョージ・W・ブッシュ（息子のブッシュ）でした。さて、ブッシュ大統領は、自分の名前とははるか遠くの国の名称との関係に気づいたでしょうか。

2　この人びとに惹かれる

人が越境を誘う

ここでは越境のきっかけとして「人」を考えます。自分とは異質なものを持っている人に、なぜか私たちは惹かれます。森羅万象どこにも神秘がありますが、中でも人間は一番の神秘かもしれません。

それぞれの時代に「知の巨人」と呼ばれる人がいます。かつては南方熊楠《みなかたくまぐす》がいました。慶応年間から昭和にかけて生きた南方熊楠の肩書を何とするか迷ってしまいます。博物学者ということでしょうか。生物学者としては粘菌の研究で知られる一方、人類学・考古学・宗教学まで手を伸ばし、とりわけ民俗学では嚆矢《こうし》となる研究を進めました。

世界各国の言葉を学んだばかりでなく、漢文の素養も備えていました。まさに彼こそ「越境」の人でしょう。

私の学生時代から社会人の駆け出しのころは、立花隆氏が私にとっての「知の巨人」でした。立花氏は「田中角栄研究」で田中角栄首相の退陣のきっかけを作ったことで知られていますが、興味・関心のテーマは驚くべき広さです。扱ったテーマを挙げていくだけでも、その〝越境力〟の強さに目が眩《くら》んできます。田中角栄、エントロピー、医療、生物学、共産党、新左翼、臨死体験、神秘体験、宇宙、農協、東大、読書論などです。『アメリカ性革命報告』というものまであります。

そして、いまの私にとっては、それは佐藤優氏ということになります。神学とマルクスとインテリジェンスと外交経験に裏打ちされた論考には、いつも引き込まれます。

２０１７年の暮れの段階で聞いたところでは、雑誌などへの連載締め切りが月に90回に及んでいるそうです。これを聞いてしまうと、月に25回でヒーヒー言っている私は足元にも及びません。しかも出版の速度も驚くほど。毎月どころか毎週新刊が出るので、私はひそかに「週刊佐藤優」と呼んでいます。本を出す速度に読者がついていけない状態です。

彼は埼玉県の浦和高校のときにマルクスに惹かれ、無神論を究めたいと考えつきます。いろいろな大学の神学部に問い合わせたそうですが、相手にされません。それは当然ですね。

キリスト教の神学部がわざわざキリスト教を否定しに来る人間を受け入れることはないでしょう。

しかし、同志社大学の神学部だけは面白いと言ってくれたそうです。そこで彼はクリスチャンになります。無神論を探求しようとしてキリスト教徒になったのです。この個人の遍歴からして面白いのですが、とりわけ彼の読書量を圧倒的なものにしたのは、「国策捜査」で東京地検特捜部に逮捕され、東京拘置所に入っていた経験です。さまざまな分野の古典をノートを取りながら学習したことが、彼の学識の基礎となっています。

彼にとっては不幸な経験でしたが、それがいまの彼を養成したのですから、人生は分からないものです。

彼の人生遍歴を見ると、彼こそ「越境」を繰り返してきたのだと思います。さまざまなジャンルを軽々と飛び越えて探求を深める。彼の知識への渇望は、私にとっての刺激となっています。

私と佐藤氏の経験が交差するのは、マルクス経済学の洗礼を受けたことと、宗教への関心です。

経済学への思い

私が経済に興味を持ったのは、高校のときの「政治経済」の授業がきっかけでした。当時の都立高校は、社会も理科もすべて必修。社会科は、地理、日本史、世界史、倫理社会、政治経済をすべて学びました。いまのように日本史や地理を学ばずに高校を卒業できるようにはなっていませんでした。

私たちの小学生時代、日本は貧しく、東京には各地にスラム街が存在しました。私が通った都内の区立小学校の校区にもスラム街がありました。道路は舗装されておらず、いつも水たまりがあり、汗の饐《す》えたような臭いが充満していました。そこから学校に通ってきている同級生の中には、授業中によく吐く子がいました。しかし、食べる物が満足にないので、出るのは胃液だけ。

一方、同じ校区には裕福な家の子もいます。そこの家に遊びに行くと、家具類からピアノから、圧倒されるばかり。

あまりの違いを知ります。まさに格差の存在を目の当たりにします。

東京の街が大きく変貌するのは１９６４年の東京オリンピック以降のことです。日本は高度経済成長期の後半にあり、国全体としての経済状況の底上げは実現しましたが、一段と格差が広がり、成長の歪みとしての大気汚染など公害問題が深刻になっていきます。

こういう問題意識を持ちながら政治経済の授業を受けることで、経済学が、こうした問題を解決するための道具になるのではないかと思うようになりました。そこで大学は経済学部を第一志望にします。

当時の経済学は「近代経済学」(略して近経)と「マルクス経済学」(マル経)に分かれていました。いまは「マルクス経済学」がすっかり力を失ったことから、マル経に対して「近経」と呼ばれていた経済学が主流となり、かえって「近経」という言葉は死語になりました。いま大学の経済学部に入ると、「マクロ経済学」と「ミクロ経済学」から学ぶことになっています。

しかし、私の高校時代、日本の経済学の学界ではマルクス経済学のほうが力を持っていました。「経済学を学ぶならマル経」というのが常識だったのです。

しかも近経は数学を駆使しますが、私は数学が苦手。数学を使わないですむマル経は魅力的でした。

ところが、高校生ながらマルクス経済学について調べ始めると、日本のマル経は「講座派」と「労農派」に大別されることを知ります。

講座派は共産党系で、戦前、岩波書店から出ていた全7巻『日本資本主義発達史講座』の執筆者たちがルーツです。

日本の戦前の資本主義をどう考えるか。両者の違いはその捉え方の違いにあります。講座派は、日本はまだ封建制の中にあると捉え、労農派は、不十分とは言いながら日本は独立した資本主義の国であるという主張でした。

労農派の中でも飛び抜けた影響力を持っていたのは宇野弘蔵でした。彼は、マルクスの書いた『資本論』を「革命の書」ではなく、純粋に「科学」の本として分析しようとしていました。『資本論』をイデオロギー的に信奉するのではなく、その理論の論理的に不十分な点を正していくという方針でした。

後に佐藤氏と知り合うと、彼もまた高校時代から宇野弘蔵に惹かれていたことを知ります。ここに彼との共通点がありました。

ちなみに、大学で経済学部を選びましたが、3年と4年で入ったゼミは北原勇教授。専門は「独占資本主義論」。中小企業の実態にも詳しい先生です。マルクス経済学の先生ですが、労農派ではなく新講座派。新講座派というのは、理論的には共産党系の講座派と似ていますが、共産党とは政治的に一線を画す経済学者たちのことです。

北原先生の教えは、「すべてを疑え！」でした。学問の道にあっては、どんな権威であっても、一つひとつの論考を鵜呑みにせず、自分なりに考えてみよ、ということです。

もちろん実生活においてこういう態度を取ると友人を失いますが、学問では大切なことです。いまは私が東工大生に、この話をしています。

宗教への関心

私が宗教に関心を持つようになったのは、「週刊こどもニュース」を担当するようになってからです。

当時は、中東情勢が大きく動いていました。中東和平に大きく動いた「オスロ合意」は、「こどもニュース」が始まる前年に結ばれていました。しかし、オスロ合意の一方の当事者のイスラエルのイツハク・ラビン首相は、パレスチナ側に妥協したとしてユダヤ人過激派に暗殺されてしまいます。

その後、イラク戦争や２００１年のアメリカ同時多発テロと、中東やイスラム関係のニュースが相次ぎます。こうしたニュースを解説するために、中東の歴史やイスラム教についての勉強が必要になります。イスラム教に関しては、ムハンマドが「神の言葉」として伝えたという『コーラン』や、ムハンマドの言行の伝承である『ハディース』を読みふけりました。

さらに、イスラム教についての解説書を書くようになると、そもそもユダヤ教とキリスト教の違い、さらには「神様」を信じる日本の神道の「神」との違いも知らなければなりません。ここまで進むと、では仏教とは何か、という疑問が生まれます。仏教についても、少しずつ勉強を進めることになります。

佐藤氏と雑誌や書籍で対談することが増えるにつれ、彼のキリスト教やイスラム教に対する造詣の深さに目を見開かされる思いが募ります。

マルクス経済学と宗教。奇妙な取り合わせですが、これが佐藤氏と私との共通点なのです。

柳田邦男のノンフィクション

私が若いころ、むさぼり読んだのがＮＨＫの先輩にあたる柳田邦男氏の著作です。最近は東日本大震災の原発事故関連の本を出しています。福島第一原発の政府事故調査委員会の委員も務めました。

私が１９７３年にＮＨＫに入ると、当時は２カ月間の研修を受けました。いまはもう少し短期間になっているようですが。そのときに社会部の現役記者として講師で来られたのが柳田邦男氏でした。取材の仕方などを話してくれたと思いますが、颯爽として、見た目もスマート。もちろん著作にも触れていたので、こういう人になりたい、と憧れたものです。

その前年、柳田氏は『マッハの恐怖』で大宅壮一ノンフィクション賞をとったばかりでした。１９６６年２月４日に全日空ボーイング７２７型機が羽田沖に墜落し、３月４日にはカナダ太平洋航空ダグラスＤＣ８型機が羽田空港で着陸に失敗、炎上しました。翌５日にＢＯＡＣボーイング７０７型機が空中分解し、富士山麓に墜落しました。わずか１カ月の間に３００人超の人が亡くなっています。

『マッハの恐怖』は技術的な問題を含めて、事故原因を克明に調べ、本にしたものです。同書は、大手の出版社ではなく、フジ出版社というところから刊行されました（２年後に「続」が出ています）。やがてその作品は新潮文庫に入りました。

日々のＮＨＫニュースでは、一つひとつのトピックに長い時間をかけることができません。だからといって、取材をお手軽にすますことはできません。短いニュースの背後には、記者の膨大な取材があります。そのことを教えてくれたのが柳田さんの著作でした。記者はここまで調べた上で原稿を書いているのかと驚嘆したものです。

彼は、社会部の記者として仕事をしながら、自分の取材テーマを決めて、著作も書いていました。当時の彼のことを知る社会部記者によると、毎朝目を真っ赤にして出勤してきたそうです。「また家で原稿を書いているんだな」と同僚たちは見ていたそうです。

その彼に転機が訪れます。30代後半でNHK福岡放送局のデスクになるという異動の内示を受けたのです。栄転でした。NHK内部での出世を考えれば、受けて当然の内示です。しかし、それでは自分が書きたいノンフィクションの取材ができなくなってしまう。おそらく彼はそう考えたのでしょう。内示を受けて、NHKを退職するのです。

退職して最初に書いた本が『空白の天気図』（現在は文春文庫）です。彼の初任地は広島。初任地で知った話をずっと自分の中で温めていたのでしょう。1945年8月に広島に原爆が落ちた翌月、枕崎台風が広島を襲います。原爆で甚大な被害を受けた気象台は、台風の予想も情報も得られず、住民に危険を伝えることもできませんでした。その結果、広島県内だけで2000人を超える犠牲者を出します。

原爆という人為的な被害を受けたあと、自然災害にも見舞われる。悲劇です。原爆という人為的な被害がなければ、台風という自然災害の被害を少なくすることができたはずです。原爆の被害が大きかったため、天気図などを作成することができなくなっていた。これが

『空白の天気図』という書名の由来です。

広島は、原爆の被害ばかりが伝えられるけれど、その後にも大きな被害があった。知られざる惨状を世の人に伝えたのです。綿密な取材に裏打ちされた出色のノンフィクションでした。

これ以降、柳田さんの活動の場は活字の世界に移ります。しかし、柳田さんの能力と人柄を知るＮＨＫの記者やディレクターたちは、これ以降、航空機事故が起きると、外部の専門家として柳田さんに出演を依頼します。ＮＨＫを途中で退社してもＮＨＫに出演する。出版と放送の両方の世界で活躍が続くのです。

彼の生き方は、私に大きな影響を与えました。まずはＮＨＫ記者として、日々の取材を綿密に行うこと。しかし、いずれ独立することがあるかもしれない。そのときに向けて実力を蓄えること。これを肝に銘じました。結局、私がＮＨＫを退社するのは54歳になってから。柳田さんよりはるかに遅れましたが、幸いなことに、ＮＨＫを辞めたあとも、ＮＨＫに外部のジャーナリストとして出演させていただいています。柳田さんのような〝越境〟の仕事をしたい。柳田さんが、私の仕事のロールモデルです。

メディアとしての筑紫哲也

ジャーナリストの先輩、そして恩人として、筑紫哲也氏を忘れるわけにはいきません。柳田さんとはまったく異なるタイプです。もともと新聞記者であり、雑誌の編集長であり、テレビ番組のキャスターでした。メディアを経験し尽くし、メディアとして生きた、という感じがします。

1979年に出した『猿になりたくなかった猿』（日本ブリタニカ）は副題が「体験的メディア論」で、まさにこの副題が筑紫さんを象徴しているように思います。キャスターの悲哀を書いたのですが、書店では動物の本のコーナーに置かれた、とぼやいていたのを思い出します。まだそれほど有名ではなかったゆえの悲喜劇でしょう。

筑紫さんで鮮烈に覚えているのは、テレビ朝日で、「日曜夕刊！　こちらデスク」のキャスターを担当していたことです（1978〜1982年）。日曜夕方6時から始まる番組で、まだ筑紫さんが『朝日ジャーナル』編集長や、ニューヨーク勤務になる前のことです。

朝日新聞社のデスク席を再現したようなセットになっていて、丸テーブルに記者たちがいて、削りたての鉛筆が詰まった鉛筆立てがずらっと並んでいました。本多勝一記者も出入りし、みんなタバコをぷかぷか吸いながらニュースについて語る番組でした。単純にかっこいいなぁ、と思ってしまいました。

とりわけ衝撃だったのが、1年後の4月1日の放送です。開始早々、「先ほどアメリカ大統領の緊急声明がありました」とアナウンスがあって、アメリカ大統領がホワイトハウスで何かを発表している映像が流されます。同時通訳が、「ついに地球外生命を発見しました。宇宙人からの交信があります」と言います。それを延々とやった上で、最後に「今日は4月1日です」と種明かしをします。

生放送で、視聴者から電話がかかってきます。「バカヤロー！　ほんとだと思ったじゃないか」と抗議の電話です。その電話を筑紫さんがスタジオで受けます。「ブランコから落ちちゃったじゃないか」という抗議でした。筑紫さんが、「は？　ブランコから落ちた？」と尋ねたところで、時間切れ。放送が終わってしまいました。

意味不明の電話でしたが、エイプリルフールでお遊びをする。これはイギリスのBBCなどが毎年放送する悪戯《いたずら》ですが、筑紫さんは、これを日本のテレビでもやってみたかったのですね。

ちなみにBBCのエイプリルフールのネタとしては、「イタリアでスパゲッティの収穫が真っ盛り」というものが有名です。イタリアの農家が、「木の枝から垂れ下がるスパゲッティ」を収穫している映像を流したのです。

またBBCラジオの国際放送では、「ロンドンのビッグベンの時計がデジタル化されることになり、いらなくなった時計の針を希望者に譲ることになった」というものがあります。これには、真に受けた日本の聴取者から申し込みが相次いだそうです。

筑紫さんには、こんな遊び心がありました。ときに政府を厳しく追及し、ときに遊びを入れる。日本のメディアに新風を吹き込んでくれました。沖縄への思いも強く、ご自身の「ニュース23」では、しばしば沖縄から中継していました。

気骨の新聞人

戦前のジャーナリストで桐生悠々という人がいます。少なくともメディアの世界では、知らない人のほうが少数かもしれません。

彼は信濃毎日新聞主筆を務めた人です。「関東防空大演習を嗤《わら》う」（現在はKindle版）という一文が有名です。

1933（昭和8）年8月、東京を中心に関東一円で防空大演習が実施されます。まだ日本がアメリカと戦争をする前の話です。この演習を桐生は厳しく批判しました。

敵国の爆撃機に自分の国が蹂躙《じゅうりん》される状態であれば、それはもう戦争に負けているのだ、というのが桐生のいわんとするところです。日本は木造家屋が多く、空襲があれば東京は焦土と化すこと、空襲を許すということは、すなわち制空権を握られているということ。もはや日本の飛行機や大砲では爆撃機を撃ち落とすことはできないのです。

「だから、敵機を関東の空に、帝都の空に、迎え撃つということは、我軍の敗北そのものである」

驚くべきことは、これを太平洋戦争が始まる8年前に書いていることです。この社説から9年後、日本は米軍の爆撃機による空襲に見舞われ、全国が焦土化します。桐生の慧眼と勇気には恐れ入ります。

しかし、これには当時の陸軍が怒り、長野県の在郷軍人（軍のOBたち）を中心に信濃毎日新聞の不買運動が始まります。桐生は信濃毎日新聞を守るために退社します。

長野市にある信濃毎日新聞社には、桐生悠々が使っていたとされる机が、いまも残されています。

桐生が教えてくれるのは、時代が大きく同じ方向に流れようとしているときに、それは違うよ、と押し留めるのがジャーナリストの役目だということです。戦前のマスコミは、戦争を煽る論調を書けば部数が伸びることから、当初は戦争に懐疑的な論調だった新聞社も、雪崩を打って戦争を謳歌しはじめました。

少数ながら、その時代に桐生のような人がいたことが救いです。

時代の流れに抗したジャーナリストとして、東洋経済新報社の石橋湛山もいます。彼は満州や中国に手を出すより、オープンな貿易をしたほうが断然、日本の利益になると主張しました。そこでは数字による裏付けもしています（「大日本主義の幻想」、『石橋湛山評論集』所収、岩波文庫）。

１９２１（大正10）年、朝鮮、台湾、関東州（中国大陸）をあわせた総貿易は９億１５８９万円。ところが、アメリカに対しては14億３８００万円、インドは5億８７００万円、イギリスは３億３０００万円です。朝鮮、台湾、関東州のどれ一つも英国一国に及びません。我が国にとって大事なのは米印英だと言っています。

ロシアが攻めてくる、という当時流布していた説には、日本など誰も侵略しない、と反論しています。よそに手を出すから、みんな疑心暗鬼になるのであって、全部放棄すれば、日本には誰も攻めてこない、と主張します。戦前にして、これだけ徹底した論は見事です。

戦後では、むのたけじ氏が朝日新聞を辞めて、秋田で個人による週刊新聞「たいまつ」を出しています。30年間で780号を数えて休刊しました。あれだけ戦争中に賛美の記事を書いていながら、戦争が終わった途端、掌を返したように戦争は悪かった、今度は民主主義でいこう、などという偽善はできない、というので敗戦の8月15日に朝日新聞を辞めたのです。むの氏も、筋を通したジャーナリストということができます。

ジャーナリストの条件

どういう人をジャーナリストと呼ぶか、と聞かれた場合、誰でも名乗ればジャーナリストです、と答えます。新聞やテレビのような組織に属そうが、個人でフリーであろうが、名乗ればすぐにジャーナリストです。

しかし、問題はそのあとです。何を発言し、何を残したかが問われるのです。

では、「本当のジャーナリストとは?」と聞かれたら、どう答えるか。

権力に左右されず、権力におもねることなく、自分が調べた事実をきちんと伝えていく人のことではないでしょうか。自分のことを考えても、なかなかそうはなれないのですが、そうなりたいとは常に思っています。

私はテレビの選挙特番で政治家に対して、辛辣な質問をすることもありますが、それは、従来の選挙特番があまりにもおとなしく、聞くべきことを聞いていない、と思うことがあって、あえてそうしている、という部分があります。

3　人こそ異境である

ダライ・ラマから学んだこと

私は取材を通して大勢の人にお会いしています。それはなおも現在進行形です。貴重な体験をしてきた人からじっくり話を聞くことは、自分が体験できないことを追体験しているような気分になります。自分で「越境」できないジャンルでも、その人の話から学べることはたくさんあります。これまでお会いした人たちの中で最も印象に残っているのはダライ・ラマ法王です。

ダライ・ラマ法王とは、本人の訪日時に4回、亡命政府のあるインドのダラムサラに出かけて1回お会いしています。すっかり顔を覚えていただき、お会いすると、「前に会いましたね」と声をかけてくださいます。

ダライ・ラマはチベット仏教の最高指導者です。第二次世界大戦後、中国共産党による中華人民共和国が成立すると、武力で統合されます。共産党による宗教弾圧に耐えかねて、人びとが抗議に立ち上がる（チベット動乱）と、ダライ・ラマはインドに亡命。インド北東部の山岳地帯にチベット亡命政府を樹立しました。

チベットは政教一致の政治体制でしたが、ダライ・ラマは2011年に自ら政治指導者の地位から降り、政治と宗教を分離します。現在は「チベットとチベット人の守護者にして象徴」という精神的指導者として位置づけられています。

チベット仏教では、ダライ・ラマは観音菩薩の化身とされます。菩薩とは、仏陀となる直前のステージです。この世に戻ってこなくてもいいのですが、衆生を救済するために、あえて現世に転生してくる存在とされています。

チベットに高度な自治を求めて平和裏に活動を続け、その功績から1989年にはノーベル平和賞を受賞していますが、中国共産党政府は、「分裂主義者」として非難を続けています。

ダライ・ラマは「政治的な活動をしないこと」を条件に訪日が認められ、しばしば日本国内で法要を執《と》り行っています。ところが、ダライ・ラマ法王の活動を報じた日本のテレビ局は、中国国内で種々の嫌がらせにあうため、取材に乗り気でない放送局が大半です。それでも私の場合は、気骨のあるテレビ局の人たちの協力により、複数のテレビでインタビューすることができています。

ダライ・ラマにお会いするたびに感じるのは、その気さくさです。観音菩薩の化身とされ、世界中の仏教徒から尊敬を集めていながら、誰にでも平等に接するざっくばらんさには、いつも心を打たれます。

また、中国政府による妨害工作をたびたび受けながらも、非難で応じることはありません。常に「慈悲の心」が大切だと力説します。敵対勢力に対してまで「慈悲の心」で接しようとする広い心。お会いするたびに心が洗われる気がします。ここでも人間としてどう生きるべきかを考えさせられます。

ニトリ社長のサービス精神

ジャーナリストは、実にいろいろな人に話を聞くことができます。宗教指導者に話を聞いたと思うと、一転して俗世間での成功者にも会います。最近、話を聞いて笑い転げたのは、家具やインテリアを扱うニトリの社長似鳥昭雄氏です。２０４５年に３０００店、３兆円の売り上げを目指しています。「♪お値段以上、ニトリ♪」というコマーシャルのフレーズがすぐに頭に浮かぶ、北海道が発祥の会社です。

日経新聞に「私の履歴書」を連載するだいぶ前に、お会いしています。この連載は極貧生活、いじめ、大学編入のためのカンニング、家出に学生時代の取り立て屋稼業など波瀾万丈の人生を語って、世人を驚かせました。

なぜ彼が家具店を始めたかというと、そもそも彼は劣等生で、父親の土木会社に入るも続かず、次に広告会社に就職するのですが、ここでも芽が出なかったそうです。

自分でやれることはないかと考えたときに、自分の住む町にどんな業態がないのか、職業別電話帳をつぶさに調べたと言います。それで、家具店がないことに気づきました。競合店がないから、ひょっとしてうまくいくかもしれない、と考えたわけですが、競合店がないのはニーズがないからだ、と後ろ向きに考えないところが名経営者たる所以かもしれません。しかし、家具店をどうしたらオープンできるのか、ノウハウが何もありません。それで問屋に相談に行ったそうです。

素人が「家具店をやりたい」と言っても、けんもほろろの扱いをされるのは当然のこと。たまたま若い、やる気のある問屋さんと出会います。彼は自分でお店を作ってみたいという夢を持っていたらしいのです。それで、「心ゆくまで作ってください」と、その人に任せたと言います。

初めてのお店を出すのに資金を借りなくてはなりません。北海道銀行と北洋銀行に顔を出し、とにかくカネを貸してくれと談判したそうです。すると北洋銀行が、北海道銀行さんが融資するなら、残り半分を出しましょう、と言ってくれたそうです。多分に断りの方便だったようにも思うのですが、似鳥社長はすぐに北海道銀行に行って、「北洋銀行が半分出してくれることになりました」と一芝居うちました。それなら、ということで北海道銀行の融資をもらい、当然、北洋銀行からもせしめることに成功します。「そういう話を公にしてもいいんですか」と尋ねると、「まあ時効だから」と平気な顔をしていました。

生活の必要上始めた家具店ですが、似鳥氏はまったく営業向きではなかったそうです。ただ奥さんが大変社交的、外向的な人で、「彼女がお客さんを引き留めてくれた」と手放しのほめようです。結婚したことでお店を広げることができた、と言います。

なぜ関東まで進出してきたかというと、北海道で安売りを始めると、ほかのライバル店が潰しにかかるからでした。闇ルートで仕入れて家具を安く、と思っても、その仕入れ先が突き止められて、「ニトリには売るな」と圧力をかけられる。それで仕方なく東北に逃げ（あるいは進出し）、関東にまで逃げているうちに店舗数が広がった、と言います。

どこまでが本当の話かと思いながら聞いていました。実際いまから考えれば、だいぶ話を盛っていたようにも感じますが、人に話をするときに、過剰に面白くするのは、彼のサービス精神でもあるのです。たとえ取材者でも、お客様の一人なんだから、絶対に楽しませて帰らせる――そんな意気込みさえ感じさせられました。

「伊藤ただし」

２０１６年９月、ファミリーマートとユニーグループ・ホールディングスが経営統合を果たし、ユニーグループのサークルＫとサンクスが、ファミリーマートに転換しました。

前社長の上田準二氏（２０１７年２月28日、経営統合などで職責を十分に果たした、という理由で退任）は、山形大学の出身です。

実は高校卒業後、地元の郵便局で、昼は電報配達、夜は電話交換手をしていたという異色の経歴の持ち主です。大学時代にも、ペンキ塗りにガスタンクの工事、旅行代理店の添乗員などのアルバイトをしたと言います。

就職を考えるようになったころ、大学の就職課から東京の「伊藤忠《いとうただし》」という会社が人を募集していると紹介されました。山形大学から一人も行ったことがないが、どうか、という話です。東京で働くのは大歓迎なので、その伊藤忠という、まるで人の名前のような会社に行ってみようと東京にやってきました。

会社名を読み間違えていたのは笑いぐさですが、面接に来ている大学生は、東大、慶應、早稲田、一ツ橋ばかり。山形大学は異例中の異例です。

ところが、上田氏が受けたときはたまたま、都会の大学だけでなく、地方からもとろう、と会社が方針転換した年だったそうです。上田氏は山形大学で成績はトップだったので受けられたようです。

面接で聞かれたのが、読書体験です。他の大学の学生がマックス・ウェーバーの『プロテスタンティズムの倫理と資本主義の精神』（大塚久雄訳、岩波文庫）など高尚なものを挙げているときに、彼は太宰治の『走れメロス』（新潮文庫）を堂々と挙げたそうです。面接官の一人がむっとして、「君、舐《な》めてるのか」と怒ったと言います。彼はとっさに反論したそうです。

「文学作品を読んだことのない人に、こんな仕事ができるんですか」

居並ぶ中で人事課長が「えっ?」と思ってメモをしたのが見えたそうです。それで内定を取った、と上田さんは言っていました。変わったやつを一人とろうということだったのかもしれません。

就職すると、彼は大阪で食肉を担当する部門に配属されます。きっと大変な苦労をしたのだろうと推測しますが、彼はどこへでも乗り込んでいきます。そこで成績を上げて、食肉の本場シカゴへ移ります。牛を育てる中西部と消費地である東部との結び目にシカゴがあるために、食肉加工が発達したと言われています。

彼はまったく英語を学ぶ機会がなかったので、まるで英会話ができません。伊藤忠始まって以来、海外勤務で英語ができないやつと言われたそうです。

シカゴの支店に行くと、アメリカ人の女性秘書がいます。エレベーターで顔を合わせたところ、彼女が何か言ったそうです。何を言ったか分からなかったので、正直に「パードン?」

と聞いたそうです。すると彼女は真っ赤になり、エレベーターから出ると、上司に言いつけに行ったと言います。

「ミスター上田は私をバカにしている。グッドモーニングと言ったのに、パードンと聞き返された」

これには、私も笑い転げました。いかに英語ができなかったかを示す例として紹介したのでしょうが、本当だろうかと思ってしまいます。上田氏も、相手を楽しませるサービス精神豊かな人なのです。こういう人がビジネスで成功するのだな、と思います。

それから必死でビジネス英語を覚え、シカゴでも成績を上げて、帰国します。赤字続きのプリマハムを黒字に転換するなどの手腕を発揮し、伊藤忠がファミリーマートを傘下におさめたので、そこへ行くことになりました。料理が得意で、ファミリーマートでは自らプロデュースした「社長のごはん」シリーズを売り出したことがあります。「アジの干物とたくあんのチャーハン」などは大好評のメニューだったそうです。

上田氏の明るさは、きっと社員を引き付けずにはおかなかっただろうと思います。短い時間の取材でも、その片鱗を感じることができました。それにしても、昔の人の話は面白い。ひるがえって、日本ってこんなに余裕があったんだ、と感心させられます。

西武兄弟の確執

人間ドラマとして興味深いのは、西武鉄道グループの継承をめぐって対立した堤兄弟でしょう。亡くなる少し前の堤清二氏にインタビューをしました。お会いしたのは、その1回だけでした。自ら築き上げた西武セゾングループがばらばらに解体され、公益財団法人セゾン文化財団理事長以外のすべての役職を離れていました。

私が社会部の若手記者時代、堤清二氏と義明氏の異母兄弟の葛藤が話題になっていました。社会部で警察担当だった私の仕事には直接関係のない話題ですが、興味を惹かれ、関連本を乱読しました。堤兄弟の父親の堤康次郎氏は、大変なやり手の実業家。早稲田の学生時代から軽井沢で別荘分譲の仕事を始め、一代にして西部鉄道グループを築き上げます。その過程では、東急グループや小田急グループとの仁義なき戦いを経てきました。

堤清二氏は、父親で西武グループの創設者であり、かつ衆議院議長を務めた堤康次郎氏に反発して、東大では共産党に入党します。読売新聞主筆の渡邉恒雄氏、日本テレビ放送網会長の氏家齋一郎氏と一緒の世代です。

結局、共産党からは抜け、父親の秘書になりますが、西武鉄道グループの事業のほとんどは義明氏が引き継ぎ、清二氏は西武百貨店だけを継承します。当時の西武百貨店は、池袋駅に隣接する小さなデパートでした。清二氏は、このデパートを皮切りに、西武セゾングループを築きあげていくのです。

こうしたドラマを関連書籍の乱読を通じて知っていたことが、インタビューで生きました。本の乱読は、すぐには役に立たなくても、長い目で見れば役に立つ日が来るのです。

堤清二氏は世界的ホテルチェーンのインターコンチネンタルホテルを買収しますが、この過大投資が経営の躓《つまず》きとなり、結局は手放すことになります。一方の義明氏は父親からプリンスホテルグループを相続しています。そこで私が、「堤義明さんのプリンスホテルに対抗しようとしたからでしょうか」と問うと、最初は「うーん、いやそんなことはない」と否定したのですが、そのうちに「でも、そうかもしれないなぁ」と話すではありませんか。彼が初めて異母弟への対抗心を認めたのです。

そのインタビューでは、堤氏の生きてきた経緯が事前の乱読によって頭に入っていたので、作家の三島由紀夫との交流の話もスムーズに聞き出すことができました。三島は最後、自分が組織した「楯の会」のメンバーと共に市ヶ谷の自衛隊に突入。総監室のバルコニーから、自衛隊員に向かって決起を呼びかけたあと、自害します。このときの「楯の会」の軍服のような制服は、西武百貨店が仕立てたものでした。清二氏は、経営者であると同時に「辻井《つじい》喬《たかし》」というペンネームの作家としても活発に活動していました。それゆえ文学者とも交流が広く、三島から「楯の会の制服を作りたい」と頼まれ、「では、うちで仕立てましょう」となったのだそうです。

清二氏に聞いてみたかったことは、もう一つ。失敗に終わった通称「つかしん」、正式には「塚口新町開発発展都市」の試みについてです。このプロジェクトができたばかりのとき、どんな新規の試みがあるのか見に行ったことがあります。これは尼崎市の塚口というところに西武グループが開発した、新しい「まち」です。

人工的な町なのですが、わざと裏道みたいなものを作って、「生きたまち」にしようという意図が伝わってきました。

「なぜ失敗したのですか?」と尋ねたところ、

「本当に人工的なまちはだめなんです。新宿の思い出横丁みたいに、ごちゃごちゃしたところこそが、人びとの賑わいの場所なんです。そういうものを作れ、と言ったんですが、セゾングループはおしゃれなところというイメージが強くなってしまっていて、真の狙いを徹底できませんでした」

という言葉が返ってきました。

例として挙げていたのが、街中に作った人工的な池のことです。そこに魚を放したら、みんな死んでしまったのだそうです。理由は、スタッフが、水道水をそのまま入れたというのです。生き物を飼ったこともない現代っ子にやらせたら、そうなってしまった、と。

堤清二氏はとてつもなく優秀なアイデアマンなのですが、周りがそれに付いていけなかったということのようです。

話ははずみ、いつまでも続きます。いずれもっと話を聞いて、一冊の本にできればいいな、と思っていたのですが、別の世界へと旅立って行かれました。

第5章

「越境」の醍醐味

1　守られているものは弱い

「規制緩和」という視座

知は横につながると面白いということは、人と話をしていても分かります。意外な発見があり、それが次の燃料となって話が展開していく。あまり話が転がらない、という場合、お互いに燃料としてくべる材料の持ち合わせが少ないか、あまりにも同質の燃料しか持っていないかのどちらかです。

異質なものが出合って、化学反応が起き、火花を散らす。そういう対話、あるいは知の交流が理想的です。複数の人がいて、話し合いの場が生き生きとしているときは、たいてい中心にいる人が適度に異物をその場に投げ込んで、火に勢いをつけているのです。

この章では、越境を意識すると、いつもとは違う思わぬ結びつきが見つかり、これまでとは異なる論理を展開できるということを披露しましょう。

手はじめに「規制緩和」をタテ軸にして、それに見舞われたところは、行くところまで行く、ということを示そうと思います。意外なほど、「規制緩和」というのは使えるモデルです。

電通書類送検の衝撃

２０１６年10月、広告代理店大手の電通に、過重労働を取り締まる東京労働局の〝カトク〟が乗り込みました。カトク、つまり「過重労働撲滅特別対策班」は、東京と大阪にしか置かれていない特別なチームです。

インターネット広告を扱っていた新入社員の高橋まつりさん（24歳）が、過労の果てに２０１５年12月に自殺しました。彼女は同年４月に入社し、10月に本採用となりましたが、11月にはうつ病を発症しています。10月の残業時間が月１０５時間に達していたと言います。

しかも、９月末に三田労働基準監督署が労災認定をしていたことも報じられました。のちに電通では、過去にも過労死で24歳（新入社員）と30歳の男性社員２人が亡くなっていることが分かりました。

インターネット広告に関しては、電通は後発組です。なかなか売り上げが伸びず、ことの性質上、四六時中顧客対応に追われるなかで、高橋さんは次第に追いつめられていったと思われます。インターネット広告は、いったん広告が出たあとも手直しが可能です。ここがテレビや雑誌・新聞への広告と違うところ。広告が出たあとも、修正しようと思えば、際限なく仕事が続くのです。

彼女の上司が心なくも「女子力に欠ける」などの暴言を吐いていたことも明らかになりました。まだ新入社員。社内や業界内での〝世渡り〟の技術も獲得していない真面目な女性を自殺にまで追い込んだ罪は重いと思います。

従来であれば、全国の労働監督署が過重労働を摘発する場合、厳重注意などと発表して終わりでした。ところが、今回は会社を書類送検したのです。電通社長が引責辞任を発表しても、塩崎厚労相は記者会見で「社長が辞めてすむ話ではない」とコメントしました。

安倍内閣が進める「働き方改革」からすれば、断じて許すまじ、ということになります。

安倍内閣というのは、思想的には保守派の中でも右派的なのですが、打ち出す政策のいくつかは、従来なら左派が提起していたようなものです。たとえば毎年春闘の時期になると、企業側に対して給料の引き上げを要請しています。１９７０年代までなら、野党の社会党や共産党、労働組合が賃金の引き上げを求め、自民党は経営者側に立って賃金を抑えに回っていました。それが野党や労働組合のお株を奪う政策を展開しています。

「働き方改革」も、その一つです。過重労働を軽減する。これこそまさに労働組合が要求し続けてきたことです。あるいは「女性活躍社会」もその一環です。「安倍政権は働く者の味方です」とアピールする上で、電通を厳しく取り締まれば、世間に強い印象を与えます。いわば「国策捜査」の様相を呈しました。

ちなみに安倍政権の「働き方改革」には、「一定所得以上の人には残業規制をなくして自由に働いてもらう」という政策がセットになっています。野党が「残業代ゼロ法案」と批判する法案がそれです。一見、労働者の側に立つかのような姿勢を見せつつ、経営者たちが望んでいる政策を実行するという高度な政策にも見えます。

「国策捜査」とは、国民が漠然と感じている不満や反発を掬《すく》い取り、取り締まる対象を絞って摘発するものです。いわば「一罰百戒」です。

業界に示しをつけるには、一番効果のあるところに手をつけるのが手っ取り早い。取り締まる側が最小手段で、最大効果を得ようとするのは、無理もないどころか最善の手なのです。

続いて、その一件をまるで他人事のように報じていた朝日新聞にも、中央労働基準監督署から労基法違反の指摘がなされました。財務部門の20代の男性が月の労働上限時間を4時間20分超えていたというのです。

これはマスコミ業界に衝撃を与えました。長時間労働が当たり前だった新聞や放送など各社が真剣に労働時間の削減に乗り出すことになりました。

さらにNHKの女性記者が過労死していたことも明るみに出ます。こちらは、遺族が「NHKは過労死を出したあとも改革に取り組んでいない」と批判したことから明らかになりました。NHKは、その事実をニュースとして取り上げ、遅ればせながら過重労働の是正に取り組み始めました。

ガリバーの崩壊

電通はなぜあれだけ巨大なのか。それは極めて閉鎖的な広告業界の中で地歩を築いてきたからです。外資が入って来ても、牙城を崩されることがなかったのです。それは法的に規制がある状態と変わりません。

その電通にさえインターネット広告の伸びが脅威を与えつつある。こうした大きなうねりの中で、高橋さんの不幸な事件があったと言えます。

新聞・出版も再販制度という規制に守られています。新聞や出版は、発行する会社側が値段を設定でき、現場で安売り合戦などできないようになっています。テレビは放送法に守られています。別の企業が放送免許を新規に取得するのは極めて困難です。新規参入が困難なので、高収益が確保でき、正社員の報酬は高いことで知られていました。

かつては情報源に直接アクセスできるのは新聞社に限られていました。新聞が書いて初めて、世の中の人はそのニュースを知ることになったのです。次に新聞社が母体となって作ったテレビ局がニュースの新しい発信元となりました。新聞、テレビの記者クラブ制度が雑誌などの後発メディアを排除して成り立っていることは有名です。ニュースの情報源の独占です。

ところが、インターネットが出現して事情は激変しました。ネットで手軽に、記者会見に出席しなくても、情報を収集できるようになりました。

ニュースも広告も、映画・ドラマ・音楽も、ネットで視聴する層が厚く、広がっています。新聞・放送・通信・広告の独占が揺らいでいるのです。

放送は放送法で守られていますが、インターネットテレビが始まると、こちらの内容には放送法が適用されません。自由な内容が放送できますが、収益がまだ確保できないために給料は低いまま。それでもこのようなライバルが増えれば、従来のテレビは安泰ではいられません。テレビマンの給料も上がらなくなりました。

ここ数年、日本の総広告費は6兆円超、ネット広告の伸びが全体を引っ張っているかたちになっています。2017年のネット広告費は1兆5094億円で、一方のテレビ・ラジオ・新聞・雑誌の4媒体広告費は2兆7938億円と3年連続の減少です。いずれネット広告費がテレビ広告費を抜くでしょう。

規制のあるところに巨大企業は生まれますが、その規制が除かれると、群雄割拠の戦国時代が始まります。他社、他業種の越境を許さなかった業態はいずれ荒波にもまれる、というのは知っておいたほうがいいでしょう。

たとえば、銀行を例にとってみます。

銀行は給与の高い業種の筆頭でした。金利が横並びで、支店を作るにも当時の大蔵省にお伺いを立てなくてはなりませんでした。有名な護送船団方式で、一番力の弱いところに足並みを合わせていました。当然、大手には超過利潤が生まれます。

そこで社員の給料を上げたり、日本のあちこちに保養所、運動場、プール、テニス場などの福利厚生施設を作ったりしました。大蔵省、日銀からは天下りを受け入れました。監督官庁と密につながっていれば、高い報酬を払っても、十分に見返りがあったのです。

ところが、アメリカの強力な押し（これをごり押しと言います）もあって、橋本政権は金融ビッグ・バンに踏み出しました。金利が自由化され、銀行が潰れた場合のペイオフ制度が整備されました。預金保険制度では預金１０００万円とその利息が保証されていますが、それを超えるものは場合によっては返ってこない可能性があります。

「銀行は潰れない」と思い込んでいた私たちは、銀行ですら安泰ではないことを知ったのです。

競争のなかった世界に競争が入り込むと、混乱が起き、規制に守られて安住していたところはたちどころに経営がおかしくなります。そこまでに至らないところも筋肉質の体質にする必要があるので、行員の給料を下げ、関連会社に出向させ、福利厚生施設を閉鎖したのです。

競争が起きると、サービスはよくなります。しかし、そこで働いている人の給料は上がらないか、下がることが多い。銀行もその例外ではいられなくなりました。

航空会社も同じような状況に陥りました。かつて航空会社のパイロットや客室乗務員と言えば、憧れの的でした。高い賃金が保障されていたからです。

ところが、格安航空会社が参入してきたことで、事態は急変します。客室乗務員の給料は下がり、以前のような魅力ある職場ではなくなりました。日本航空が倒産するとは、誰も思っていなかったのです。日本航空は再建されましたが、以前のような圧倒的な力はなくなりました。規制が外れたところは、行くところまで行きつくのです。

しかしその結果、日本航空のサービスは向上しました。日本の航空業界で圧倒的な存在感を示していた時代は、とかく〝上から目線〟の殿様商法が目立ちましたが、いまやその驕《おご》りは姿を消しました。

もし自分の会社が規制の中にいたり、既得権益層に属していたりした場合は、いずれ大波が来ることを覚悟しないといけません。タクシー業界が、規制が外れて大混乱したのも記憶に新しいところです。転職に備えるのか、居残れる可能性があるのか――事態が進むのをただ座して見ているだけでは危険です。

こんなふうにあるモデル（ここでは規制緩和）を使っていろいろな事象を横につなげてみると、意外な発見があります。モデルに普遍性があれば、他業種にも使える（つまり越境できる）のです。

競争するものが強くなる

もう一つ規制に絡んで、別の話をしましょう。

たとえば農業にはコメの減反政策が残っていました。これはコメの価格を維持するために、転作を奨励し、生産量を調整する仕組みです。コメの消費量は年々減っていて、高額の転作費を払ってまで米価を維持することに、国民の合意が得られなくなりました。それで２０１８年産米から撤廃されることに決まりました。

しかし、政府が進めているのは、飼料米に転換させる施策です。農家は他品種に変えるより手間がかからず、しかも多額な転作費が出るので、飼料米への移行が進んでいます。

これは規制をなくして競争を呼び込むという発想とはだいぶ違います。残念ながら、世界においしい日本のコメを戦略的に押し出していく、というふうにはならないのです。

しかし、農業も規制の残っている分野は、いずれ撤廃されていく、と思ったほうがいいでしょう。

それと比べて、野菜の関税は多くが３％で、ＦＴＡ（自由貿易協定）を結んだ国（13カ国）との間では関税ゼロです。農業の中でも野菜は強い分野と言われています。競争力があるから関税をゼロに引き下げられても利益は上がります。逆に言えば、関税をゼロにされるという過酷な競争下で強くなったとも言えます。

２０１３年のＦＡＯ（国連食料農業機関）の生産量調査で、日本のナスは世界８位、ホウレンソウは３位、レタスは７位です。自給率は８割に達しています。

早い時期から自由競争を勝ち抜いてきた自動車業界は、歴戦の強者という感じですが、以前は産業政策の名で、当時の通産省の強い縛りのもとにありました。

たとえば、ホンダが２輪車に加えて４輪車にも進出しようとしたとき、通産省から強烈な横やりが入りました。すでにトヨタ、日産、ダイハツ、いすゞ、三菱自動車とあるところに、新規の自動車会社の参入は過当競争を引き起こすから要らない、というわけです。

通産省が描いていたのは、量産車が２社、高級車・スポーツカーなどが２、３社、軽自動車が２、３社という構成だったと言います。

そこを本田宗一郎が自由競争を標榜して、粘り抜いたのです。当時、車体の色を赤にするというだけで、通産省と掛け合わなければならなかったと言います。消防車と紛らわしいというのが規制の理由でした。箸の上げ下げの仕方まで〝お上〟が決めていたのです。

２　歴史への越境、歴史からの越境

歴史の読み直し

いま歴史が大流行と言っていい状況です。地味な「応仁の乱」を扱った同題の本がベストセラーになりました。先行現象としては、山川出版社の『もういちど読む山川世界史』の大ヒットがあります。

従来習っていたものと違う、新解釈の歴史が次から次と出てくるので、自分の〝常識〟が揺さぶられるのです。

聖徳太子は存在しなかったとか、江戸時代は鎖国とは言いがたいとか、生活が苦しくて逃げた百姓（これを〝逃散《ちょうさん》〟と習いました）は、実は落ち着き先の藩で土地まで用意して迎えられたとか、三行半《みくだりはん》は女のほうが出したものだとか、秀吉がいくら命令しても百姓は鉄砲を手放さなかったとか、江戸・吉原の火事は経済のために人為的に起こされたものだとか、目からウロコの落ちる話が一杯です。

そもそも縄文時代と弥生時代の捉え方も変わってきました。縄文時代は採集生活が中心で非常に貧しい時代だったのが、弥生時代になって農耕が盛んになり豊かになったとかつて習ったわけですが、青森県三内丸山《さんない》遺跡の発見、発掘で、縄文時代の捉え方がまったく変わりました。それに縄文、弥生と線引きすること自体が難しいという話にさえなっています。

先史学の山田康弘氏は、戦後のアメリカの教育使節団などから新しい歴史観を求められ、縄文時代から弥生時代へと発展したという「発展段階説」がとられたと指摘しています。

現代史の書き換え

私が関心を持ち続けている現代史でも、常に書き換えが行われています。たとえば、ウォーターゲート事件で名声が地に落ちたニクソン元大統領の評価が高まっています。ケネディが始めたベトナム戦争の後始末をしたのがニクソンで、米中和解、ドルと金の交換を止めるなど、業績のほうが勝る、という解釈が背景にあります。

時間が経って、彼の功罪が見えやすくなった、ということなのだろうと思います。

あるいは、日本の政治家の大平正芳氏も、再評価される一人かもしれません。当時は、「アーウー」を繰り返すので「アーウー首相」とからかわれた人です。

あのように言いながら、実は頭の中で緻密な文章を組み立てていたのです。書き写してみると分かりますが、速記録からアーウーを抜けばそのまましっかりとした文章になります。反対に竹下登首相は、ぺらぺらしゃべるので、なんとなくいろいろ言っているように聞こえるのですが、文章に起こすと見事に何もない。言語明瞭、意味不明と言われました。

大平さんは大変なインテリで、読書家でした。金曜日の夕方になると、土日に総理公邸で読む本を探しに近くの虎ノ門書房へ向かいます。官邸に近くて、それなりの品揃えがあるのは、当時はあそこぐらいのものでした。

私は新聞の総理動静欄をいつも見ていましたが、「金曜の夕方、虎ノ門書房」としばしば出ていました。周りに集めた有識者もレベルが高く、田園都市構想、環太平洋連帯構想、総合安全保障など、その後の政権に生かされた大きな施策を打ち出しました。

よくアメリカの言い方で、「政治家は次の国の未来を考える、政治屋は次の選挙のことを考える」と言います。大平さんは前者、まさに政治家だったのでしょう。ステーツマンであり、ポリティシャンではなかったということです。

彼は当時、日本の財政は、このままではもたない、売上税という名の消費税を導入しよう、と正面から選挙の公約に掲げました。増税などを掲げれば必ず負けると分かっていても、彼は旗を下ろしませんでした。次の選挙が危ないからと消費税の増税を先送りする総理大臣との違いにため息が出る思いです。

ニクソンでも、大平氏でも、現代のわれわれが再び彼らに注目するのは、世の中が大きく変わろうとしているときに、歴史に学ぼうと思うからです。これは知の越境そのものではないかという気がします。同時に、時間の越境でもあります。

歴史と現代の結びつき

ライフネット生命の創設者である出口治明氏の本も、読者の広い支持を受けています。出口氏の場合、西洋史ですが、従来の歴史書とは違う切り口を扱っています。オーソドックスな歴史では飽き足らない人たちから支持を集めているということです。

かつて世界史は本が売れない分野と言われていました。それがここに来てブームになっているのは、教養としてそういうものが求められている、ということもあるでしょうが、いま起きている世界の出来事を大きく捉える上で、参照する知恵として求められるようになった、ということではないでしょうか。

これは余談ですが、出口さんは日本生命のご出身です。私のインタビューでおっしゃっていたのは、かつての日本生命は殿様商売のようなところがあって、概して社員には時間的な余裕があったと言います。

私は雑誌の連載インタビューで、読書家の経営者に会っていましたが、日本生命のOBは大変な読書量の方ばかりです。地方勤務では、土日はひたすら本を読んでいたと言います。出口さんもそういう環境で歴史研究の研鑽を積んだということでしょう。

先に、読者は歴史と現代を結びつけて読んでいるのではないか、と書きましたが、その火付け役は塩野七生《しおのななみ》氏ではないでしょうか。

彼女自身も『文藝春秋』などで、古代の視点から現代日本への批判を展開することがあります。作品が魅力的なのは、王政から共和政を経て帝政、そしてその没落を、人物を通して描いたところでしょう。

『ローマ人の物語』（新潮社）は15巻で完結し、いまは『ギリシア人の物語』（同上）です。毎年一冊ずつ出すのが彼女のペースです。

革命と統帥権

違う歴史を共通のテーマで結びつける例として、加藤陽子氏は面白い例を挙げています(『それでも、日本人は「戦争」を選んだ』新潮文庫)。

ロシア革命を起こしたボリシェビキの人たちの多くはユダヤ人だったと言います。このグループは、フランス革命はナポレオンのようなカリスマが出現したことで変質したと考えていたそうです。

それで、ロシア革命ではカリスマの登場を恐れ、レーニン亡きあと、トロツキーではなくスターリンを選びました。トロツキーは軍事的なカリスマであり、政治的な手腕を持った人だったので、ナポレオンのようになることを恐れたのだそうです。

スターリンは軍事的なリーダーシップをまったく発揮しなかった人らしく、ユダヤ人グループにとって御しやすい人物と映ったらしいのです。しかし、その後、スターリンが同胞をどれだけ殺したか、歴史の皮肉を感じざるをえない選択です。

加藤氏はこの話を日本の西郷隆盛と統帥権の問題に移し替えて論じます。日本の明治政府は西郷のカリスマ性を非常に恐れていたというのです。西南の役で彼が倒れてほっとしたが、山県有朋は文武に秀でた傑物が出てくると、政治と軍を握ってしまう恐れを抱き、政治と軍を離す統帥権というのを考え出した、というのが加藤氏の見解です。もちろん自由民権運動が軍隊へ影響を与えることも心配したのですが、そのほかに西郷の影響もあったのではないか、というのです。

良かれと考えて設定した統帥権が、のちに裏目に出て軍隊が暴走。先のスターリンの話とても似ています。

ロシアの革命が日本の統帥権に結びつく、ほとんど軽業のような越境の歴史解釈を展開しています。

歴史の「効用」

私が思い出すのは、日露戦争の日本の勝因のことです。日露戦争で日本が勝利を収めた背景には、日英同盟がありました。

当時のイギリスは衰えたとはいえ、いまだに海洋国家としての実質を持っていました。日露戦争のときに、それが大きな力を発揮したのです。

バルチック艦隊がアフリカの喜望峰を回って、はるばる日本にやってくるわけですが、それだけでも遠洋航海の大変な苦労があります。当時は石炭を焚いて戦艦は走っていました。そこに、イギリスによる〝いじめ〟が加わります。イギリスがバルチック艦隊がいまどこにいるのか逐一日本に教えてくれますし、イギリスの支配下にある港には一切入れませんでした。

それは日英同盟があるからですが、バルチック艦隊が途中でイギリスの漁船を日本の水雷艇と勘違いして沈没させる事件があり、それでイギリスは一気に反露、親日に傾いたと言います。

バルチック艦隊は休養がとれないまま、疲れ切って日本海へやってきます。目的のウラジオストクに行くのには3つのルートが考えられたのですが、宗谷海峡は遠すぎます。津軽海峡は日本の守りが厳しい。となると、対馬海峡を通るだろうと読み、それが当たって、日本側の大勝利となるのです。

これはイギリスの情報があったからこそ勝てたのです。

加藤陽子氏によると、当時、中国の日本に対する感情は和らいでいた時期で、満州にいるロシア軍の動きをかなり探って、教えてくれていたらしいのです。海と陸の情報戦に日本は勝っていたのです。

これは戦争においていかに情報が大事かという話です。歴史は時間を越えて、そういうことを教えてくれます。

ところが、その後の日本は、勝利の経験から次第に夜郎自大になって、敵のことをろくに調べもせずに戦端を開き、無駄死にの山を築いたのがノモンハンでの戦争です。しかも、この敗北をきちんと総括することもなく、当時の指揮官たちの責任を追及せずに栄転させてしまいます。これが、その後の太平洋戦争の敗北につながっていきます。

これもまた歴史の時間を越えた教訓です。

3　南スーダンと戦後日本の共通項

国名から歴史が見えてくる

アフリカにリベリアという国があります。その国旗はアメリカの星条旗にとてもよく似ています。明らかに真似たのですが、なぜ真似たのかということです。

アメリカでリンカーンが奴隷解放宣言を出したのが１８６２年です。奴隷はもとをたどれば、アフリカから連れてこられた黒人たちです。それが解放されて、自分たちの故郷に帰ろう、となったのですが、みんな自分たちのルーツが分かりません。アフリカのどこかから集められて奴隷海岸から船出したことぐらいしか分かりません。

それでは、奴隷海岸に戻ろう、ということになり、解放された自由な（リベラル）人びとの国ということでリベリアと名付けました。

首都はモンロビアと言います。これはアメリカのモンロー大統領からとっています。モンローは、黒人解放奴隷のリベリア移住事業を積極的に支持していたと言います。植民者が現地部族の反対にあって上陸ができなかったときに、軍隊を出して支援をしています。

悲劇的なのは、解放奴隷だった人びとが現地の人びとを差別して、暴力的に土地を奪ったことです。そうやってリベリアという国ができたわけですが、政情不安が続いていました。いまは女性の大統領になって、落ち着きを取り戻した状態で、２０１１年には、エレン・ジョンソン・サーリーフ大統領（当時）、レイマ・ボウィ女性平和運動家がノーベル平和賞を受賞しました。

アフリカ関連で言うと、ナイジェリアとアルジェリアという似た名前の国があります。ナイとアルですから、こどものころに興味を持ちました。

地図を見ると分かりますが、アフリカの北端でリビアと接しているのがアルジェリアです。その南東に接続しているのがニジェールで、さらにその南方がナイジェリアです。

アルジェリアでは天然ガス精製プラントの建造に参加していた日揮の社員が、２０１３年、イスラム過激派に殺されています。アルジェリアの国名の由来を見ると、地中海を越えてやってきたフランス人が島を見つけたと思い、そこをアルジェ＝半島と名付けました。アラビア語でアルジャジーラは半島という意味です。あのイラク戦争報道で勇名を馳せた放送局「アルジャジーラ」です。

ところが、上陸してみたら、どんどん先まで行ける大きな国だということに気づきました。それでもアルジャジーラから付けたアルジェというのを国名にしようと決めました。語尾の「リア」は、「～の国」という意味です。

ニジェールはフランスの植民地で、ナイジェリアはイギリスの植民地です。ニジェールとナイジェリアの間に川が流れていて、これをニジェール川と言います。ニジェール川の北側をフランス語読みでニジェール、ニジェール川の南側をイギリス読みでナイジェリアにしました。

　こういうふうに一つの疑問から、どんどん知識が広がり、越境していきます。どこまで遠くに行けるかが、楽しみにもなります。知的ゲームでもありますし、頭の鍛錬法でもあります。

"スタン"シリーズ

　あとは、スタンが付く国名シリーズがあります。カザフスタン、トルクメニスタン……どうしてスタンなのだろうと調べると、ペルシャ語で何々人の土地とか何々人の国とかいう意味だということが分かります。ウズベキスタンはウズベク人の国、アフガニスタンはアフガン人の国、トルクメニスタンはトルクメン人の国ということです。では、パキスタンはパキ人の国かというと、これはそうではないのが面白いところです。

　イギリスの支配下にあったインドとイギリス領インドが独立を果たすときに、イスラム教徒だけの国をつくったのがパキスタンで、国名はパキスタン・イスラム共和国と言います。

　国名を決めるのに一般募集したところ、パンジャブ州のP、アフガンのA、カシミールのKにスタンを付けて、パキスタンになりました。パキスタンは現地語で清浄なる国という意味にもなるので、これはいい、というわけです。

パキスタンが独立するとき、インドの西部と東部にイスラム教徒が多かったので、西側を西パキスタン、東側のベンガル地方を東パキスタンとして、インドを挟んで離れた土地がパキスタンとして一緒になりました。

ただし、国名にベンガルは反映されませんでした。やがて東パキスタンの独立運動が起き、バングラデシュとなります。これは「ベンガル人の国」という意味です。建国当初から西パキスタン主導だったことが分かります。国名に「ベンガル」を入れる配慮があれば、その後の歴史は変わったかもしれません。

ちなみにバングラデシュは親日国です。それは、バングラデシュが独立を宣言した際、真っ先に国家として承認したのが日本だからです。バングラデシュの教科書には、このことが書いてあり、人びとは日本に感謝しているのです。

保守するものを教える

38ページで南スーダンの平和構築について触れましたが、そこでも興味深い話があります。現地で活動するＪＩＣＡ（国際協力機構）への取材で分かったのですが、いま平和構築で目指すのは、現地の人びとに、失うと困るものをたくさん持ってもらおうということだそうです。

武装解除に応じる兵士たちは、物心がついてから、人を殺すことしか知りません。働いて、お金を稼いで、家族を養うということをしたことがないのです。そういう当たり前のことができるようになれば、次に戦争が起きても武器を持たなくなると、JICAは考えました。失うと恐いものを持つと、人間は無謀な争いをしなくなる、という論理は非常に説得力があります。ただ、南スーダンはそれが徹底される前に、また紛争に逆戻りをしてしまったのですが。

戦後の日本を見ると、このJICAの考えがよく分かります。

戦争中から戦後にかけ、日本の農村では小作農の組合である日本農民組合（日農）が、特に新潟県を中心に社会党の一大支持母体でした。それが大地主と戦うという構図でした。ところが、GHQの指導で農地が解放されます。小作農がみんな自作農になって、自分の畑や田圃を持つようになります。するととたんに保守化して、社会党を支持していた新潟県の農民たちは、田中角栄を支える越山会へと流れていきます。

終戦直後は非常に革新的だった農村が急激に自民党の支持母体になっていくのは、自分の土地を持ったから、つまり失うものを持ったからです。

自民党はこの施策を応用し、次は持ち家対策を進めます。国民がマイホームを持てるように、住宅ローンなどを組みやすくする。長期のローンを組んだ人は、いまの体制が続いてくれないと困ります。そういうことで、マイホームを持った人たちは自民党支持に変わっていきます。

持ちものが増えれば保守化するというのは、南スーダンの平和構築と似ています。

マイホームと言えば、分譲マンションと賃貸マンションの違いは、共用部分に表れると言います。分譲はきれいで、賃貸は汚れがちです。これは自分のものかどうかという違いです。自分のものになれば、人は大事にするのです。

『共産党宣言』に、労働者は自分を縛り付ける鉄鎖以外に失うものがない、と書かれています。まさにこういう存在は強い。しかし、その空っぽの手に、いろいろと握らせると、次第におとなしくなっていくというわけです。

引き出しを多くする

知を横につなげるには、頭の中に引き出しを多く持っている必要があります。引き出しの種類とその中身の充実は、ひとえにその人の努力にかかってきます。ふだんから鍛えているかどうかです。

私の場合、アウトプットの機会が比較的多いということが幸いしています。それに合わせて、必死に勉強します。もともと好きな分野を中心に学びますから、苦労だとか、辛いとか考えたことはありません。

人に説明しているうちに、パッと別の関連を思いつくということが多いように感じます。脳が活性化されて、あちらこちらに触手が伸びて、関連するものを探しているのかもしれません。

引き出しを多く持ち、引き出しを頻繁に出し入れしていると、別の引き出しの内容とつながってしまうのです。

たとえば、先の保守化の問題を「責任」の問題として読み替えることも可能です。保守化することで、事を荒立てないようにしよう、社会的な問題を見て見ぬふりをしようという心理が働きます。つまり、「社会的な責任」の意識が低くなっていきます。

交通事故を目撃したときの対処法を考えてみます。誰かが車にはねられて怪我をしたとします。とっさに駆けつけると、周りにも人が集まってきます。あなたがただ「誰か１１０番して！」と叫んでも、人は動きません。ほかの誰かがやるだろうと思ってしまうからです。

そこで、目が合った人に、「あなた！　110番して！」「あなた！　119番して！」と言うと、責任を持たされた人は行動に移します。これがとっさに人を助けるときの大原則です。

これは「NHK7時のニュース」と「週刊こどもニュース」の違いにも展開できます。NHK7時のニュースは「視聴者に分かりやすく」と目標を掲げていますが、視聴者を特定していません。これは「誰か110番して！」の世界です。

「週刊こどもニュース」は「小学校5年生のこどもに分かるように」と目標設定が明確です。これは「あなた！　110番して！」と同じ世界です。

誰に向けて発信するのか。常に意識することが大切なのです。

たとえば私が原稿で読者に呼びかけるときに、「みなさん」としないのは、同じ理屈からです。「あなた」という言い方をするように心がけています。「みなさん」と言うと、読者には「呼びかけられた大勢の人の中の一人」という印象を与えてしまいます。「あなた」と言われると、自分一人に語りかけてくれていると感じるのです。

本の「まえがき」も必ず「はじめに」と題します。「まえがき」というのは著者と編集者の内輪の言葉であって、「まずあなたに」という意味で「はじめに」にします。最後は「おわりに」です。締めの原稿にタイトルが付いた場合には、「あとがきにかえて」と入れることはありますが。

だいぶあちこちと越境しました。仲間や同僚と、こんな展開でいろいろな話ができたら、その時間は充実したものになるのではないでしょうか。

第6章 越境のための質問力を磨く

1　愚かな質問はない、愚かな答えがあるだけだ

質問が謙虚にする

越境に欠かせない手段として、「質問力」について考えましょう。

自分が知らないこと、知りたいこと、不確かなことなどを知るために本を読んだり、ネットで調べたり、いくつか手段があるでしょうが、一番いいのはその専門家に聞きに行くことです。会社で言えば、その道のベテランに話を聞くのです。

質問の功能は未知のことを知るだけでなく、自分を謙虚にすることでもあります。

私がＮＨＫに入ってからの新人研修で、自分の書く原稿に絶大な自信を持っていた同僚がいました。デスク（記者の原稿をチェックし直す上司）が直した原稿を見ようともしませんでした。自分の原稿のどこがいけなかったのか、確認しようとしないのです。残念ながら、

彼に活躍の場はなかなか与えられませんでした。

社会部時代、たまたまパーティーで会った厚生省（当時。現在の厚生労働省）のキャリア官僚と立ち話をして、その尊大さに驚きました。多少の自信があるのはいいのですが、まさにプライドの塊。常に上から目線で話しています。ちょっと会っただけで、それが分かってしまう。この人は、役所の中で活躍することなく、いつのまにか消えていました。

その一方、文部省（文部科学省）を担当していたときに取材で親しくなった課長クラスの人たちには、ざっくばらんに話を聞いてくれる人たちが何人もいました。いい意味でプライドがなく、話しやすいのです。こうした人たちは、その後、次々に官僚のトップである次官に就任しました。

とはいえ、文部省にも尊大さで悪名高い人物もいました。出世のためなら部下を踏み台にする。話していて、それがよく分かります。彼は結局、スキャンダルで出世街道から転落しました。

自分の領域の中に留まりがちな人は、知の越境のために、知らない人に会ってみたり、どんな人の話にも耳を傾けたりしてみたらどうでしょう。

人は、だんだん肩書きがついて、偉くなっていくと、他人の話をまともに聞かなくなり、自分だけが一方的にしゃべるようになります。まるで自分だけがしゃべるに値する人間だと思っているかのようです。

私のところにもさまざまな役所の幹部が「ご意見拝聴、ぜひ会ってお話をお伺いしたい」と連絡してきます。そこで会うと、スピーカーと対面しているみたいなもの。ひたすら向こうがしゃべるのを聞いて終わったということが、よくあります。まあ、楽と言えば楽なのですが。「お話をお伺いしたい」というのは、「オレの話を聞け」という意味なのだと割り切るようになりました。

ぬけぬけとした質問

自分が何も知らない、と知ることは、ソクラテス以来「無知の知」として尊重されてきました。あるいはソクラテスには「メノンのパラドクス」という言葉があります。問題の解決法が分かっていれば、それは問題として意識されない。逆に問題の解決法がまったく見当がつかない場合も、問題として意識されない。問題として意識されるのは、解決できるかもしれないが、やってみないと分からないものの場合だ、というのです。

まさに質問というのは、そういう問いを発することだと思います。質問をするためには、何が分からないか分かっていないとだめなのです。

たとえば、大学の授業で一方的に先生が話をして、「さあ質問がある人？」と言っても誰も手を挙げないのは、遠慮もあるでしょうが、何が分からないか分からないから質問も思い浮かばないということが多いのです。

私のような仕事では、いかに「いい質問」をするかが大事です。秘密にしておきたいことを、扉をこじ開けるようにして、聞き出さなくてはなりません。その気にならなければ、人はその秘密を明かしてくれません。

ＮＨＫの「クローズアップ現代」のキャスターを長く務めていた国谷裕子さんが、『キャスターという仕事』（岩波新書）という本を出されました。その中にアメリカのＡＢＣニュースのリポーター兼アンカーだったサム・ドナルドソンの話が出てきます。彼はいつも大統領に厳しい質問をすることで有名でした。「えっ⁉　そんなこと聞くの？」、というくらいぬけぬけとした質問をする人でした。

国谷さんは、「なぜあなたは大統領に厳しい質問をするのか」と尋ねました。彼はこう答えたそうです。

「国谷さん、小さな田舎町でアップルパイコンテストがあり、そのコンテストの優勝者が、隣に住む素敵なおばあちゃんだったとしましょう。僕はそのおばあちゃんにも、優勝おめでとう、でもおばあちゃん、そのアップルパイに添加物は使わなかったかい？　と聞きますよ」

「ジャーナリストなんだから、質問をするのが仕事だよ」というわけです。これには参りました。忖度《そんたく》なしの質問。これがジャーナリストの仕事なのですね。国谷さんも、まさにそういう仕事をしていたのだと思います。私も志は同じですが、やり過ぎると友達をなくしますね。

質問は臨機応変に

「愚かな質問はない、あるのは愚かな答えだけだ」という言葉があります。

変な質問をして愚かだと思われるのがいやで、質問自体を抑え込んでしまう。それは本人の成長の機会を奪うばかりか、その質問をすることで周りの人も賢くなる機会を奪う、という考え方です。

アメリカではどんどん質問することがよしとされます。それには、質問はみんなのためになる、という共通認識がバックボーンにあるのでしょう。

愚かな質問はない、といっても、事前に準備できることがあればしておくのが、相手への礼儀です。自伝があるような人物であれば、それはちゃんと読んでおく。たとえば、トランプに会うとしたら、『トランプ自伝』（ドナルド・J・トランプ、トニー・シュウォーツ、枝松真一訳、早川書房）は欠かせないわけです。ご本人は、この本を読んでいないようですが。

同書には、トランプの性格をよく表す次のような記述があります。

「人は自分では大きく考えないかもしれないが、大きく考える人を見ると興奮する。だからある程度の誇張は望ましい。（略）これを真実の誇張と呼ぶ。これは罪のないホラであり、きわめて効果的な宣伝方法である」

こういう人物だとあらかじめ知ってから会うのと知らないで会うのとでは、質問の内容も変わってきます。

資料は時間の許すかぎり集めて、目を通しておく必要があります。それで質問事項を一所懸命に書き出すわけですが、それは現場では見ないようにします。メモがあると、それに引きずられて、相手の言葉に素直に反応することができなくなる可能性があるからです（『聞く力』〈文春新書〉の阿川佐和子さんも同じことを言っています）。

「週刊こどもニュース」を担当していたころ、ある県の教育委員会の人からインタビューを受けたことがありました。先方が質問を用意してきて、私がそれについて答えることになっていました。

まず、ある質問が投げかけられます。私がそれに答えると、質問者が何か反応するのかと思ったら、事前に用意してきたメモを見て次の質問に移るのです。こちらがわざと、それについては関連して面白い話があるんですよとヒントを匂わせるのですが、それでも食いついてきません。「なるほど、そうですか、では次の質問」といった調子です。

この人は、インタビューをしたことがなかったのでしょう。この手法では、新しいことは出てきません。少なくとも私たち、それを生業《なりわい》にしている人間には許されないことです。なんとかこれまでに相手が言ったことのないこと、いままでと違うことを引っ張り出そうと、あの手この手、あっちからこっちから探りを入れるのが仕事ですから。

アイスブレイクの効用

初めて会う場合は、緊張をほぐすことが必要です。アイスブレイクという業界用語があります。氷を破る、つまり緊張をほぐすことを言います。

たとえばテレビの収録の開始時に、あとで使わないと分かっていながら、出演者の気分を盛り上げ、スタジオの雰囲気をよくしておくのは典型例です。公開生放送の収録前に番組スタッフや若手の芸人や歌手などが登場して、雰囲気を「温めておく」ことも、これに入るでしょう。それは「前説《まえせつ》」という言い方をします。

たとえば私の番組ですと、ゲストの方が何人かいて、一人ひとりに「最近、気になったニュースありますか?」などと呼びかけながら、いじっていく。それをそのまま放送することもありますが、事前にコミュニケーションをとることで、緊張を解いて、番組づくりをスムーズにする効果を狙います。これがアイスブレイクです。

取材相手も慣れていない場合は緊張しています。インタビュアーがどんな人間かも分からないわけですから、身構えるのは普通です。それを解きほぐすのに時間がかかると、本当に聞きたいことを聞けなくなる可能性があります。

そういうときは、プライベートな話をするとか、インテリアで目についたことを言ってみるとか、窓から見える風景をほめてみるとか、ネクタイが変わった模様ならそれを聞いてみるとか、臨機応変にやる必要があります。

時間がないからと、突然本題に入っても、たいていはうまくいきません。向こうも事情が変わって急いでいる、というなら話は別ですが。

それと、人の話を聞くときは、必ず相手と斜め45度になるように座ります。これはとても大事なことです。正対するとまるで経営側と労働側の労使交渉になってしまいます。インタビューは別に喧嘩をしに行っているわけではないので、話しやすい環境を作ることが大事です。

これは男女の仲でも言えること。デートのときに正面に座っているかぎり、関係は前に進みません。45度になることで安心感が生まれて、ふだん出ないプライベートな話も飛び出します。

この「斜め45度」というのは、取材を重ねているうちに、こうするといい、と気がつきました。別にこの人と仲良くならなくてもいいというなら、正面でいいわけですが、インタビューという限られた場では、得策ではありません。

もう少し関係を深めたいと思ったら、お互いが斜めに座る。これが相手の本音を引き出す角度です。正面になると、人間はやはり鎧をまとってしまうのです。

「そんな馬鹿な」質問をする

質問力を高めるには、素朴な質問を恐れない、ということが大事です。あるいは、これを聞いたら恥をかくとか恥ずかしいとか思わないことです。

人間にはプライドがあるので、知ったかぶりをしたがります。こどものように、知らないことは知らないと聞いてみるのです。

「週刊こどもニュース」を担当して良かったと思うのは、初歩の質問を恐れずにできるようになったことです。初歩の質問、言い換えれば基本の質問をされると、大人はたじろぐものです。日銀って何ですか？　インフレって何ですか？　高速増殖炉もんじゅの「高速」ってどういうことですか？　こう聞かれたときに瞬時に答えられる人は、そういないはずです。

あるいは、相手の説明が不十分だったり、漠然としたりしているときは、どういうことですか、と突っ込んで聞くことも大事です。そういうときはたいてい、相手は何かをごまかしているときだからです。

「週刊こどもニュース」では、素朴な質問を恐れずにするこどもたちを出演者として選びました。中にはプライドがあって、知ったかぶりをしがちな子もいます。そういう子は、素朴な質問ができないのです。こどもニュースは、分からないことを分からないと言ってくれる子をあえて選んだのです。

そういう子が「分からない、分からない」とだめ出しをしてくれるので、「あっそうか、そういうことが分からないのか」と気づきます。まさにソクラテスの「無知の知」です。

そういう質問を受けることで、こちらが漠然としか考えていなかったり、ちゃんと理解していなかったりしたことに気づくのです。

国会答弁などで官僚は、「ご案内のように」という言葉を多用します。「ご存じのように」という意味です。これは、「あなたのような賢い方は先刻ご承知でしょうが」という意味です。こう言われると、「そんなことを知らない」と言えば、本人がバカだ、ということになってしまいます。プライドがある人は質問できなくなります。つまり質問封じのための前置きなのです。

こういうときに、「ご案内ではないのです。分からないので、もっと分かりやすく説明してください」と問いかけると、相手は困ってしまうでしょう。分かりやすい説明をすると、その物事の本質が分かってしまい、官僚にとっては都合の悪いことがはっきりする、という事情があるからです。

官僚や政治家が、分かりにくい説明を始めたら、分かってもらうと困る隠し事があるのだと思ったほうがいいでしょう。

政治家やスポーツ選手の中には、「そんな馬鹿な質問をするな」というタイプがいます。

私は「何が馬鹿な質問ですか、あなたが答えられないだけでしょ」と思うようにしています。

　特に政治家に言えることですが、質問を遮ったり、程度の悪い質問だと言ったりするときは、たいてい本人が聞いてほしくない質問です。そういう相手の脅しに負けているようでは、仕事になりません。

　サム・ドナルドソン流でいいのです。どんな質問だっていいのです。知りたいことは何でも聞くべきですし、それで相手のレベルが分かります。愚かな答えが出れば、この人は愚かな人だと分かるわけで、それだけでも大変な収穫です。

人をだしに使う質問法

　これまで私の経験したインタビューで一番手強《てごわ》かったのは、瀬島龍三氏です。陸軍参謀として敗戦時にシベリアに抑留されましたが、戦後は伊藤忠商事の会長を務め、中曽根政権のブレーンとも言われました。シベリア抑留時代に何があったのか、決して口を開かないことで知られていました。

　私が社会部記者として文部省を担当していたとき、当時の中曽根内閣は臨時教育審議会（臨教審）を設置し、教育の大改革を実行しようとしていました。瀬島氏も臨教審の委員になったので、彼の教育観を聞き出そうとしました。

手を替え品を替え、教育に関して本音を聞き出そうとするのですが、建前の話だけに終始します。時間は30分ほど。場所は彼が事務所にしていたホテルオークラの一室でした。のらりくらりとかわされて所要時間が終わったという悔しい印象が残っています。いまならもっと違う質問ができたかもしれません。当時、私も若かったので、敵はすいすいと粗い網の目から逃げていきました。

さて相手が「レベルが低いから答えない」といった場合、こちらのレベルを上げて、質問するのがいいのかどうか。そうすると、テレビの場合は、視聴者が付いてこられない可能性があります。そこをどう突破するか。

たとえば、「テレビの視聴者に分かりやすくお願いします」とやるのも一つの方法です。その点、「週刊こどもニュース」ははっきりと要求を出すことができました。「こどもに分かるように説明してください」と言えばすんだのです。

相手が率直に答えてくれないときは、「ごく初歩的なことで申し訳ないのですが、うちのスタッフがぜひこれを聞いてくれ、と言ったものですから」と人をだしに使う方法もあります。

これはなかなか使えるやり方です。たとえば相手がうるさ型のサッカー選手だとしたら、「うちの息子はサッカーが大好きなんですが、＊＊さんに会うと言ったら、ぜひ聞いてくれと言われたことがあるんです」と言えば、さすがに断られることはないでしょう。

相手に質問する際に、自分の意見を前面に出すと、「俺は考えが違う」と言われてケンカになったり、質問者に同調するだけの答えになってしまう危険性があります。こういうときには、「これについては、こういう意見の人がいますが、どうですか」という言い方で聞いてみるといいでしょう。これもほかの人をだしにしているわけで、別に私が言っているのではないですよ、という高等戦術です。

あと、忘れてはいけないのは、「リスペクト光線」を出すということです。「これはあなたを貶《おとし》めるために聞いているのではありません。答えれば、イメージアップにつながります」「あなたという人を知りたいために、わざわざ質問に来ました。あなたを高く評価しているからこそ、聞きに来たんです」。そういう気持ちを目に込めて、相手に接するのです。

これは必ず伝わります。人間、自分に好意を持つ人をそう無下にはしないものです。

政治家に対してであれば、「選挙で選ばれた立派な人だから、あえて聞きたい。聞きにくい質問もしますけど、お許しいただきたい」という姿勢で臨むことです。これなら拒む人はいない……わけではないのが悲しい現実ですが。

2　想定外の質問を投げかける

ぼんくらの跡継ぎが出てきたら？

いい質問をするには、相手の想定外の質問をすることが大切です。こどもがするような素朴な疑問をあえて投げかける戦術も、ときに想定外の質問になりますから、武器の一つとして持っているといいでしょう。

リヒテンシュタイン公国で、皇太子にインタビューしたときも、想定外の飛び道具を用意していました。同国はスイスとオーストリアに挟まれた人口3万7000人、面積160㎢の小さな国です。公爵という爵位の人がトップなので、王国ではなく「公国」と称しています。

ＮＨＫ「ドキュメンタリー　ザ・プレミアム」という番組の取材でした。世界のプリンスやプリンセスを取り上げる一環です。

リヒテンシュタインは立憲君主の国ですが、いまだに公爵である君主の力があって、25人で構成される議会が作った法律を公爵は却下することができます。公爵がサインして初めて法律になります。

その公爵は生前退位し、皇太子にほとんど権限を譲っているので、その皇太子にインタビューをしました。

私はのっけから「皇太子の仕事って楽しいですか」と尋ねました。普通はそういう質問はしないものでしょう。すると、「いや辛いこともあります」と答えてくれました。こちらとしては、しめたぞ、と思うわけです。

「どんなことがお辛いですか」

「何度も何度も同じ質問のインタビューを受けることです」

これには参りましたね。一本取られたとは、こういうことでしょう。さすがにインタビュー慣れしています。そこで、こちらは「同じような質問をして申し訳ないですね」と返しながら、そうでない質問をしようと考えます。

「あなたのお父さんの公爵は大変優れた方で、国の運営をうまくやってきましたが、あなたの息子、あるいはその先の息子がとんでもないぼんくらで、その人が国のトップに立ったら、国が滅びるのではないですか」

これは言外に、日本の近くの某3世代世襲の国のことを意識して質問しているわけです。

「そういうリスクがありますよね」と聞いたら、「いい質問です」と言ってくれました。

向こうとしても危惧していた問題で、しかもすでに対策をとっているから、「いい質問だ」と言える余裕があったのでしょう。もし痛いところを衝かれただけなら、質問をごまかすか何かしただろうと思います。

「自分の父親が憲法を改正させました。一つは、とんでもない人物が公爵になった場合、国民投票で別の人を公爵にできるようにしました。それでもだめなら、公爵制度を止めてしまう。つまり共和制にするということを国民投票で決められるようにしました」

不適格な統治者が出てきたときの、これが対処法だというわけです。立憲君主国なのに君主をすげ替えることが可能になった。民主主義を考える上で、大変面白い返事です。こういう返事をもらえたのは、普通は失礼だと思って遠慮して聞かないことを聞いたからです。人によっては、そんな失礼なことを聞くな、と言い出すこともありえますが、あえて聞いてしまうのです。

民主制の弱点

一般的に国民の選挙で政治家が選ばれる共和制のほうが、国王をいただく王制より民主的と思われています。しかし、共和国と自称する北朝鮮よりはリヒテンシュタイン公国のほうが民主的なのは明らかです。

実はリヒテンシュタインには、過去に公爵と議会とのあいだに緊張が走ったことがあったのです。第二次大戦のときに同国はスイスと一緒に中立の立場をとりました。ところが、国内でナチスドイツの影響が強くなり、議会を開いてナチスドイツと一緒になるための決議をしよう、という動きがあったのです。

そこで前の公爵が強権を発動。議会を開かせなかったと言います。もし議員の圧力に屈していたら、リヒテンシュタインはナチスドイツと一緒に滅び去ったことでしょう。

単純に議会を開けば民主的とはならないということです。それはヒトラーの政権奪取の仕方を見ても分かります。いまのアメリカにしても、民主的な選挙の結果としてトランプ大統領が生まれています。民主主義という制度は不完全なものだということは、肝に銘じておいていいのではないかと思います。

リヒテンシュタインの公爵に負けず劣らず、叡慮を発揮したのがブータンの前国王です。

ブータンは「世界一幸せの国」と言われていますが、すぐ近くにネパールがあります。そのネパールも王室でしたが、王室内で銃の乱射事件があり、「この人だけは国王にしてはいけない」と言われていた人物だけが生き残り、国王に就任します。結果、ネパールの政治は乱れに乱れます。国民がそれに反発して王制廃止へと突き進みました。愚昧な国王が追放されたのです。

ブータンはそれを反面教師に、やはり後代にぼんくらが出たら大変だと見越して、国王主導で国政を立憲君主制に変えました。選挙で首相を選び、首相が政治をせよ、と国民に宣言したのです。しかし、国民はいまの国王が素晴らしいから、私たちは選挙をやりたくありません、と反対しました。それでも国王は国民を説得し、選挙のリハーサルまで実施したのです。

選挙で首相を選んだ経験がないから、それを体験させたわけです。そして、実際に首相が選出された段階で、その国王はさっさと退位して、いまの国王に王位を譲りました。

その結果、いまの国王はあくまで国民統合の象徴です。政治には一切口を出しません。場合によっては、英明な国王がいたほうがいい、というケースの好例です。

民主主義なら素晴らしいかと言えば、手放しでは賞賛できないのです。

聞きにくいことを聞くコツ

もう一つ、「聞きにくいこと」を聞いた例を挙げましょう。

ＮＨＫの朝番組の「あさイチ」に出演したときのこと。「聞きにくい質問をするにはどうしたらいいか」を実演することになりました。

当時の司会は有働由美子さんに井ノ原快彦さん（イノッチ）です。

「では、有働さんに聞きにくい質問をしましょう」

と、斜め45度の位置に陣取ります。井ノ原君にはちょっとどいてもらって、有働さんと私が斜めになるように座ります。制限時間は２分間です。

まず軽いジャブを。

「ねえ、有働さん、ＮＨＫアナウンサーらしくないとか、マスカラがぽろりと落ちたとか、脇汗が話題になったりとか、なかなか大変でしょ？」

と聞きます。

「ええ、いろいろ言われて大変なんですよ」

と有働さん。本人に同情的な語りかけで、警戒心を解いた上で、核心に迫りました。

「紅白歌合戦の司会を外れたとき、どんな気持ちでしたか？」

ネットでは、この質問が話題になったと言います。看板中の看板番組である紅白歌合戦の司会から外れた人に、しかもＮＨＫの番組の中で、当事者の思いをずけずけと聞いた、というわけです。私のＮＨＫ時代の同期であるアナウンサーの大塚範一氏が、ＮＨＫ時代にやはり紅白歌合戦の司会ができなかったことを、一番悔しかったと語っているように、ＮＨＫのアナウンサーにとって、あの番組は特別なものなのです。

それで、彼女はなんと答えたか。

「ほっとしました」

紅白歌合戦の準備はそれはそれは大変なのだそうです。実はあのとき、彼女は総合司会である武田真一アナのバックアップに回り、彼をずっと助けていたそうです。

想定外の質問をすることで、こんな思いがけない話が出てくるわけです。選から外れて有働さんは家で寂しく見ていたにちがいないと、一般の視聴者は思いがちです。ところが意外にも、実は裏方に徹していたという話ですから、「おお、有働由美子すごいじゃないか」となります。

　これは、聞きにくい質問をしたからこそ、「実は……」という話が出てきたのです。もし踏み込まなかったら、この〝ちょっといい話〟は、誰にも知られることはなかったでしょう。

　番組への出演依頼があったときに、「インタビュー方法を実演してください」との注文があったので、この質問を用意しました。有働由美子さんに何でも聞いてください、となれば、視聴者が聞きたい質問になるのは決まっています。基本的にインタビュアーは、視聴者や読者が聞きたいこと、知りたいことを聞くわけです。質問を聞いて、「そうそう、その質問を聞いてほしかった」と思える内容にすることが必要です。

　そうは言っても、視聴者、読者の希望であっても、聞いてはいけないことがあります。どうして独身なのかとか、これまで噂になった男性についてはどうなのとか、そういう質問は私はしません。インタビューの品位が落ちるからです。

　もちろんこれは、私はしない、というだけのことですが。

　有働さんは、紅白では裏方に徹したエピソードを紹介した上で、紅白出演がいかに大変なことであるかの同意を求めて、「ほんとうに大変なんだから、ねえ井ノ原さん」と隣に振りました。

ここで追及の手を緩めてはいけません。私は、「ほら、答えにくい質問だと、ほかの人に振るんですよ」と突っ込みます。

これには彼女、虚を衝かれたらしく、「ああっ!」と言って突っ伏しました。ほっとしたと言いながら、どこかに悔しい思いがあることも、視聴者にはこの様子で分かります。

さらに、「週刊こどもニュース風にニュースを解説してください」というリクエストがありました。扱うテーマはTPP（環太平洋経済連携協定）でした。有働さんがお母さん役、私がお父さん役、井ノ原さんが野球帽をひっくり返してかぶってこども役です。

有働さんがエプロン姿になったのを見て、「ほら母親だとエプロンをするという発想がいけないんですよ。何ですか、この演出は」と突っ込みます。ステレオタイプの演出をやんわりと批判したのです。NHKに出演しながらNHKの演出を批判する。これには視聴者が喜ぶはずです。

すると有働さんは、「ほんとにそうですよね」とぱたんとエプロンをたたきつけました。こういうところが彼女の勘のいいところです。この一連の流れは、もちろんアドリブです。

要するに、聞きにくい質問をする際は、あなたを貶めるために聞いているのではありません。あなたのことを親身に思いながら、視聴者の思いを代弁しているんです、と先に述べた

〝リスペクト光線〟を放つのです。それはきっと有働さんにも届いていただろうと思います。

考えてみますと、私がＮＨＫの記者だったころ、有働さんと一緒に仕事をする機会はありませんでした。そもそも記者とアナウンサーが一緒に仕事をすることはないからです。私がＮＨＫの外へと越境したことで、有働さんと一緒に仕事ができるし、やんわりとＮＨＫの演出を批判できたりするのです。これも越境の効用です。その後、２０１８年４月、有働さんもＮＨＫを辞めてフリーになりました。彼女も越境したのです。

終章　越境＝左遷論

1 「事実」が揺らいでいる

自分を相対化する

とうとう最後の章になりました。いろいろと「越境」のテーマを追ってきて脱線も重ねてきましたが、ここではまとめとして私の「越境論」とでも呼ぶべきものを展開してみましょう。

越境の醍醐味にはどんなものがあるか。基本的には4つの類型が考えられると思います。

1 知らないということを知る。「無知の知」(こどもの視点)。
2 知らないことを知って、停滞を破る(未知の人や土地に越境する)。
3 離れているものどうしに共通点を見出す(イランの聖者廟を思い出してください)。

4　知らないことを知ることで多数の視点を持つ。自分を相対化する。

ここに至るまでに1〜3には、ほぼ触れてきたように思います。そこで最後に、4のポイントについて考えてみましょう。高齢になっても大学生に絶大な人気の本を量産している外山滋比古氏は、新聞を「越境の道具」だと考えているようです(『乱読のセレンディピティ』扶桑社文庫)。

乱読の手はじめは、新聞、雑誌である。雑誌も専門誌ではなく、総合雑誌がいい。もっとも総合をうたっていても、その実は文科的色彩がつよく、教養を身につけるために発行しているのではないかと思われるほどである。新聞は雑誌より雑然としているだけ乱読入門には適している。

近年、新聞がニュースの速報性について首座を電波にあけわたしてから、その分新聞の文化性は高まった。読者として、この変化を見落としてはいけない。スポーツ欄しか見ない、経済関係しか興味がない、政治的ゴシップばかり追っているというのは、半読者である。

知的な読者は、すべてのページに目を通して、面白いことがあれば目をとめる。

実際、新聞の紙面は雑多な記事で埋まっています。首相の答弁に突っ込みを入れる野党の記事のすぐそばに、地方再生で活躍するキーマンの写真入り記事がある。次のページにはオランダやフランスなどでの右傾化の流れが解説されています。

こういう多角的な視点を常に持つことは、本来は非常に大事なことなのですが、いまは多くの人が、その面倒臭い作業に耐えられなくなりつつあります。

自分のいままでの意見は変えたくない。自分にとって心地いい記事だけを読みたい。自分が理解できることだけを読みたい。世界が複雑化し、物事の白黒が簡単にはつけられなくなってきているだけに、人は複雑なことを考えたくなくなっています。

TPP（環太平洋経済連携協定）一つとっても、かなり勉強しないと、本当のところは分かりません。天皇の退位問題も憲法との絡みがあって、いくつか関連書籍を読み込まなければ論点が見えてきません。いまはそういう課題群ばかりです。

もういい加減にしてくれ、自分のことだけ考えさせてくれ、という衝動が世界に満ち満ちているように感じます。

事実の検証が可能かどうか

そうした風潮に乗るかたちで、フェイクニュースが横行するようになりました。本当の記事の間に目を引くようなウソの情報を潜り込ませて、読者を呼び込むサイトもあります。バナーとして貼られた広告の閲覧回数で、サイトの作成者にお金が入るシステムなので、見出しなどの謳い文句や内容はより過激になる傾向があります。

フェイクニュースが横行するようになると、今度は政治家が、自分に都合の悪い情報を「それはフェイクニュースだ」と非難して否定するようになりました。こうなると、何が本当のフェイクニュース（変な表現です）か分からなくなってきます。

フェイクニュースに惑わされないためには、面倒臭く、地味で、長い時間がかかっても、意見を突き合わせ、つまり越境して自分の視点を鍛えるしかありません。

そのときに役立つのは、信頼性のある新聞などのメディアだろうと思います。どのメディアを選ぶかのメディアリテラシーもまた求められます。

個人がやっている、聞いたこともないようなウェブサイトは、注意が必要です。裏を取る、つまり確認をとることを知らない人たちが、大勢ネットに関わっているからです。

もう一つ、記事以外にアーカイブがしっかりしているかどうか、というのもサイトを判断する基準になります。そのサイトに、過去の記事が検証できる形で掲載されているか、ということです。過去の記事を検索すれば、とんでもないことを主張していたりしないか、見通しを間違えていたりしなかったか検証できます。検証できなければ、検証に耐えられない文章ばかりを書いてきたのではないかと疑ってかかることです。

過去の予測が外れたことを率直に認める記事を掲載していた場合は、信頼度が高まります。予測が外れた記事をこっそり削除する。こういう態度を取っていては、信頼できません。

ＤｅＮＡが運営する医療情報のまとめサイト「ＷＥＬＱ」が、素人のライターにネットで集めた材料で記事を書かせ、なおかつ検索に引っかかりやすい言葉を使わせていたということで非難を浴び、廃止に追い込まれました。この事件は、「事実」に関心のない人物が、「事実」が求められるサイトの運営に携わっていたことに大きな原因がありました。

アメリカＣＢＳの「60 Ｍｉｎｕｔｅｓ」は、アメリカ軍がイラクのアブグレイブ刑務所で捕虜の虐待をしていたことをスクープしようとしました。相当な証拠固めをして、普通ならもう発表してもいいという段階までいきながら、当事者である国防総省のコメントをもらえていないということで逡巡します。

放送予定の問題がありますし、他社に抜かれる可能性だってあります。それでもやはり事が事ですから、裏付けをきちんとしないと放送しないのです。こうしたことの積み重ねがあるからこそ「60 Minutes」は信頼を勝ち取ってきました。その結果、世の中を動かす力があるのです。

2　ムダなことが後で生きてくる

こどもの視点に戻るクセをつける

先に挙げた越境の4つの要素の1に関連したことですが、大事なことなので、もう一度整理しておきます。

私自身、「週刊こどもニュース」を担当するまで、根本から分かりやすく、と真剣に考えたことはありませんでした。それまでは、よその社に先駆けて特ダネを抜くのが仕事だと考えていましたから、ゼロに立ち返って考えるなど、それこそ想定外でした。

それは読者のあなたも同じではないかと思います。本当に自分はものを知らない、と痛烈に思う経験というのは、なかなかないものです。私はそれをこどもたちによって味わわされました。

自分がものを知らないと思えば、人に尋ねることも恥ずかしくなくなります。尋ねれば、新しい知に出合うことができます。

こどもはある時期、疑問の悪魔に取り憑かれたように、しつこく「あれは何」「これはどうして」と問い続けます。ああやって世界に対する知識を溜め込んでいるのだと思うと、感動さえ覚えます。大人としては付き合っているだけで疲れるのですが。

あのまま育てば、どんな子も天才に育つだろうという気がしますが、既成の教育や常識が、やがてバランスのいい、大人しい、普通の子にしてしまうのが残念です。

こどもによって自分の無知を知らされ、私はいつもこどもの視点に戻る癖がついたと思っています。だから、「王様は裸です」とも言えるようになった、と思います。事実を指摘するのがわれわれジャーナリストの仕事ですが、その土台として権威や肩書や地位などに目くらましされないこどもの視点が必要です。

私がこどものころに『なぜだろう　なぜかしら』という本のシリーズがありました。いま実業之日本社から出ている『親子でわかる！　みのまわりのぎもん』（中澤潤）は、いわば同じ発想で編集されています。その中にはたとえば、次のような疑問が並んでいます。

・お風呂で指がしわしわになるのはなんで？（原本ではひらがなの部分を漢字にしました）
・動物も夢を見るの？
・イヌがしっぽを振るのはなぜ？
・氷が冷たいのはなぜ？
・電車はなんで線路の上を走るの？
・飛んでいった風船は太陽まで届くの？

なんという質問力でしょう。なかでも「氷が冷たいのはなぜ？」にはびっくりします。絶対に大人からは出てこない質問です。

目を輝かせて質問をくり出し、知の越境をする。これを続けるかぎり、知的退行は起こりようがありません。

分野のはざまに橋を架ける

知の越境の現実的なプラス面に触れましょう。

たとえば、あなたが会社員だとすれば、必ずどこかの課に属しているはずです。自分の課の仕事に精通するのはもちろんにしても、それしか知らないというのは、もったいないことです。

自分の課とほかはどう違うのか。営業1課と2課はなにが違うのか。たとえば、1課は法人担当で、2課が個人担当だとしたら、1課でもない、2課でもないニッチな部分が必ず出てきます。そこを攻めてみることです。

たとえば自動車で言えば、法人担当のセールスは、自動車教習所などがターゲットになります。そこが車を新しくすれば、車が20台、30台売れるわけです。タクシー会社に行けば50台、100台と売れます。

個人営業は一軒一軒、個人や個人経営規模の会社を訪ねて売るのが主な仕事です。しかし、なかには個人経営だけれど、車を10台買い換えようとしている人がいるかもしれません。それは、法人課が目を付けていない分野です。

これが越境です。仕事の範囲が決められていることで、逆にそのはざまに残されている分野が見えてくる。そのどちらにもはまらない部分に橋を架けるのです。自分の仕事とほかの人の仕事の位置づけをじっくり見ることで、自分の仕事を越境させるのです。

これを言い換えると、ある種のジェネラリストと呼ぶことができるのではないでしょうか。営業のジェネラリストです。

トヨタとメルセデス

新人記者のときに、取材の仕方が分からず悩んでいました。情報を得ようとしても、誰も教えてくれません。何をどうすればいいのか、と隘路《あいろ》に入っていくわけです。一方、先輩たちはやすやすと対象に食い込んでいるように見えます。

そのとき、書店で一冊の本を見つけました。当時、日本で一番トヨタ車を売った営業の人の体験談でした。これを読んで、自動車セールスと記者の仕事には共通点が多い、と思ったものです。これも越境の経験です。

その本には、人の信頼を得て初めて車は売れる、と書いてありました。各社、それほど車の性能に差があるわけではありません。決め手は、セールスパーソンを信用できるかどうかだというのです。売りっぱなしでなくて、何かあったときに親身になってくれるかどうか、アフターサービスをまじめにやってくれるかどうか――お客さんはそういうところを見ているというのです。信頼関係ができれば、次の車検のときにまた買ってくれる可能性もあります。知り合いを紹介してくれるかもしれません。

そうやってどんどん顧客が広がっていきます。以前のように飛び込みセールスをしなくても、数字が上がるようになっていきます。

私は、あっこれだ！　と思いました。何かありませんか、と行ってもだめで、取材先に信頼されることが大事、急がば回れだな、と悟りました。情報を取ることだけを考えていると、周りのことにきちんと目がいかないのです。いつも立ち寄る先で誰かがマスクをしていれば風邪かなと考える。あるいは花粉症だろうか。もし花粉症なら対策グッズを届ける。いい薬の情報を知らせる。そんなことの繰り返しで、信頼を得ていくと、自然と記事のネタに困らなくなったのです。これは、どの仕事の人でも同じことでしょう。

キャスターになったときは、今度は日本で一番メルセデスベンツを売った人の手記を読みました。最も高い車をどうやって売ったのか。これも非常に参考になりました。

著者によると、メルセデスベンツを買うお客さんは、メルセデスがいかにすごいかは説明しなくても分かっている。いちいち性能がどうのと言わなくていい。なにを言うかというと、メルセデスベンツがある暮らしの豊かさ、これがあると今度のゴールデンウイーク、ご家族で楽しいですね、箱根のあたりの新緑はいいですね、とドライブの楽しさを語るだけでいい、というのです。

セールスパーソンがやるべきことは、自分が売る車について詳しく知るのは当然のこととして、旅行雑誌などを見て、メルセデスが恰好よく走る情景をインプットしておくことだと言います。いま箱根、日光はどうなっているのだろう。最近、アウトレットがあちこちにできたけれど、御殿場のそれがいいらしい、とか車の周辺の情報を集めるのです。そうすることで、自動車を買ってくださいと言わなくても、自然と売れるようになるというわけです。

これは言い換えれば、自分が売りたいものを強調するのではなく、その周りにあるものを演出するということだろうと思います。気象予報士で、その日の天気を説明するのとは別に、その季節を表す言葉を紹介する人がいます。「温かくなりました。『啓蟄《けいちつ》』という言葉があります。これは温暖になって虫が地面に出てくる季節になったことを言います」と説明するのですね。すでに実践している人も多いですが。これなどは、周辺を演出するいいアイデアだと思います。視聴者に、次もこの番組を見よう、という動機を与えます。テレビの仕事が続いている人の理由がここにあるのです。
これはカーセールスの極意を、メディアの仕事に越境させた例です。

置き換えの技を使う

私が勤める東京工業大学の生物学の先生方にインタビューして作ったのが『池上彰が聞いてわかった生命のしくみ』（朝日新聞出版）という本です。この本では、細胞に関する専門的な内容を、なるべくこの世の話に引き寄せたいと考え、会社の中の話に置き換えました。つまり細胞が人体の中で果たす役割を、会社員の組織の中での仕事にたとえたのです。これにより、一般読者との接点を作りました。つまりこれも、最先端生物学→会社へと越境させたことになります。

この置き換えの技は、「週刊こどもニュース」でも心がけていました。常に話題をこどもたちにとって身近な学校生活に置き換えられないか、と考えるわけです。校長はじめ先生たちがいて、各クラスがあって、その中には班がいくつかあって、というのを頭に置いておいて、取り上げる題材とリンクさせることを目論んでいました。

この癖はフリーになってからも抜けません。難しい話になるとすぐに、これをほかにたとえるとどうなるだろう、と考えて、分かりやすい表現を考えるのです。

置き換えるということは、離れたものに同じものを見出すことですから、越境の醍醐味の3に該当する話です。

「左遷」は「越境」である

最後に越境論は左遷論だという話をしましょう。

「はじめに」で、越境には「自発の越境」と「受け身の越境」があるという話をしました。できれば「自発の越境」をしたいと思いますし、基本的にビジネス書というのは、ほとんど「自発の越境」の話ばかりと言っていいでしょう。

ヤマト運輸の宅配便ビジネスを始めた小倉昌男氏の話など、読んでいるだけで勇気を与えられます。ニトリの社長の似鳥昭雄さんの話は、一見劣等生の話に見えますが、やはり破天荒な成功譚ですから、これも勇気をもらえます。どちらも業態そのものが、未知への越境と言っていいでしょう。

しかし現実には、ビジネスパーソンにとって「自発の越境」と「受け身の越境」のどちらが多いかというと、圧倒的に後者ではないかと思うのです。その最たるものが「左遷」ではないでしょうか。本人の意思に反して、別の場所に置かれるわけです。

そこで、「左遷」などと受け止めないで、「越境」だと考えたらどうか、と提案したいのです。会社から越境させてもらった、とポジティブに考えてはどうか、と思うのです。左遷されなければ絶対に経験できなかったところに行けるわけです。そこで思いも寄らないことを経験することにより、自分が成長できて、業績を残せば、またもとに、あるいは本流に戻れる可能性が出てくるのです。

『それでも社長になりました』（日本経済新聞社編、日経ビジネス人文庫）という本には、会社で挫折を味わった人ばかりが登場します。自分は会社に必要とされていないのではないかと落ち込んだ人、40歳の働き盛りに窓際に追いやられた人、同僚に比べて格段に遅い出世を強いられた人、会社に行きたくないと思い悩んだ人――これがみんな一流企業の社長さんたちなのです。

会社の上の人間は、本人が左遷させられたときの態度を見ていて、そこで腐ったら、その人間はそこまでだと判断する。そうではなくて、意欲を持って、学び直しをする人間であれば、いい経験になっただろうと、あとで呼び戻す。上の人間は、左遷で終わり、などと単純には考えないものです。

左遷により、かえっていままで自分がいたところを客観的に見られるようになります。あなたがエリート社員だったとして、非エリートの人間の思いも分かるようになります。そういう意味では、子会社への出向など、絶好のチャンスではないでしょうか。

はぐれものが危機を救う

さきごろノーベル医学生理学賞を受賞した東工大の大隅良典先生に、受賞が決まる前にインタビューして、オートファジーとは何ですか、と聞きました。

簡単に言えば、人間はタンパク質を摂らないと生きていけないが、では漂流して食料のない状態でも、何日も生きていられるのはなぜか。それは体内のタンパク質を一度分解して、改めて組み直して栄養にしているからだそうです。オートファジーとはそういう仕組みのことです。

こういう面白い話を聞けるのが、越境の利点です。人間という生き物の不思議に触れる思いがします。

大隅先生とのインタビューを載せた『池上彰が聞いてわかった生命のしくみ』という本には、ゲノムの話もたくさん出てきます。その中の、ゲノムにはムダな部分があって、それが危機のときに効いてくる、という話にはいたく心を動かされました。難しい言い方をすると、ゲノムにムダを作らせて生命は多様性を担保している、ということになります。そのときはムダでも、あとで環境に激変があったときに、生き残る手立てになるということです。

ゲノムがいろいろな部品を手当たり次第に作っていき、その中でうまく機能するものだけがたまたま生き残り、それを繰り返して、さらに最適化を重ねたのがいまの生命だと言います。

こう書いていると、まるで人間社会と同じだと気づきます。危機に瀕したときに、それまでだめだとレッテルを貼られていた人物が、突然頑張って危機を救うということはよくある話です。

話題の映画「シン・ゴジラ」をご覧になった方も多いと思います。あれは、はぐれものの官僚たちが頑張る話でもあるのです。

ゴジラ対策に環境省などからはぐれものが集められます。危機に瀕したときにはぐれものが真価を発揮するというのは、ハリウッド映画の定番です。

とっさの判断や臨機応変のアイデアを求められたときに、エリートは意外に役に立ちません。エリートは決められた課題を解くことに全精力を傾けてきた人間なので、未知のものにたじろいでしまいます。常に過去のデータから参考になるものがないか探そうとするのが、エリートのやり方です。

映画では、ゴジラが襲ってきて大変だとなったとき、どこの省も責任を取りたくないので、厄介者をプロジェクトに放り込みます。エリートを送り込んで失敗したら、それこそ面子に関わりますから、失敗しても本省に影響を及ぼさない人間を送り出すわけです。このシーンは、本当に身につまされました。

使えない人間がかえってヒーローになるというのは、見る側のカタルシスにもなりますし、ドラマとしても観客を引っ張る力になります。

素人が革命を起こす

では、架空の話から実際の話に切り換えましょう。

日本でテレビ放送が開始される際、はぐれものが力を発揮したのです。

テレビ放送は、ラジオ放送が母体となって始まります。民放では日本放送が１９５３年に最も早くテレビ放送を開始しています。

ＴＢＳもラジオ東京が始めたものです。もとはラジオ東京テレビジョンという不思議な名前だったのですが、ＴＢＳに変わりました。

その際に、海のものとも山のものとも知れないテレビなどに、優秀な人間を送り込むわけにはいきません。テレビは電気紙芝居と言われていました。まるで「シン・ゴジラ」の論理と同じです。エリートはラジオに残り、はぐれもの、手を焼かせるお荷物のような連中がテレビに移ります。

あろうことか、その連中が破れかぶれの、奇妙奇天烈な番組をどんどん作り出していきます。有名な映画スターも、当時は五社協定というのに縛られていましたから、テレビには出られませんでした。かつては監督、俳優の引き抜きが盛んに行われていましたから、それを禁じて、経営を安定させようとして結んだのが、五社協定でした。ですから、映画会社は売れっ子の俳優をテレビに出演させなかったのです。そこでテレビ側は困り、映画とは無縁の人間を探しては起用するようになります。

初期のテレビに関わった作家小林信彦氏はその時代を、「五十歳ぐらいから大学出まで〈全員が素人の時代〉」と表現しています。司会者の前田武彦氏が小林氏に語った言葉が、このあたりのことをよく表しています。

「見てごらん、ここにはプロが一人もいないんだ。歌手もコメディアンもディレクターも、みんな、アマチュアなんだよ」

制作陣は常識破り、俳優陣はやる気まんまん。これで番組が面白くならないわけがありません。

日本のエンターテインメント番組を牽引したと言われる井原高忠氏は、1954年に新卒で日本テレビに入っています。小林氏は彼のことを「テレビ界の王者《キング》」と呼んでいます。『あたくし』『思うざんす』など馬鹿丁寧な言葉遣いで、ズバッと人を刺すようなことをいう人です」（小林信彦『テレビの黄金時代』文春文庫）

彼はアメリカ式のしゃれた歌と踊りとおしゃべりの番組を作ろうとします。まず草笛光子を起用した「花椿ショウ〈光子の窓〉」（資生堂が提供、放送作家に永六輔氏などを起用）、国内初のカラーVTRを用いた「イグアノドンの卵」（「光子の窓」の特別版）、坂本九を起用した「九ちゃん！」、夜のエンターテインメントを変えた「11PM」、大橋巨泉と前田武彦が共演した伝説の「巨泉×前武ゲバゲバ90分！」、山口百恵などが輩出した素人のオーディション番組「スター誕生！」、和田アキ子やザ・デストロイヤーを起用した「金曜10時！うわさのチャンネル!!」、そしていまに続く「24時間テレビ」――まるで戦後のバラエティ番組の放送史を見るような経歴です。

フジテレビはかつて「母と子のフジテレビ」というスローガンでした。一時、経営状態が悪く、大ばくちに出ます。大学は出ていないものの、テレビ番組を作りたいという意欲だけは旺盛な外部の人物を一斉に社員にします。これで彼らのやる気は燃え上がり、快進撃が始まります。キャッチフレーズも「楽しくなければテレビじゃない」に変えました。「オレたちひょうきん族」「笑っていいとも!」「オールナイトフジ」「夕やけニャンニャン」などの人気番組が誕生しました。

「母と子のフジテレビ」と言っていたころは、東大生は見向きもしません。そもそもエリートはテレビ局に行こうとしませんでした。しかし、フジテレビも爆発的な人気が出るとエリートが受けるようになります。やがて見事な官僚組織ができると、破天荒な番組が姿を消し、視聴率が下がり始めます。これは組織の法則のようなものです。

現代に目を転じると、新聞社もネット時代に対応するのに、エリートは本紙に残り、デジタル部門には非エリートが送り込まれました。まるでテレビの世界で起きたことと同じことが起きたのです。

いまネスレ日本はネスカフェ・アンバサダーというサービスの導入で、大変業績がいい会社として知られています。そのサービス事業を始めた高岡浩三社長にインタビューしたことがあります。

ネスカフェアンバサダーというのは、オフィスにネスカフェのドリップの機械を無料で置いてもらい、その機械の保守、管理は導入した会社にしてもらうというものです。だから、アンバサダーは、納入先の社員のことを指すわけです。

機械の納入以後は、ネスカフェの社員はコーヒーやカプセルを補給するだけでいいのです。このサービスが爆発的にヒットしました。

その実績で高岡氏は社長になったわけですが、新事業を始めるのに、それぞれの部署から人を出してください、と言ったところ、どこも自分のところで必要な人間は絶対に出さなかったと言います。結果、それぞれの部署のはぐれものが集まり、そのエネルギーで新しい事業を成功させたということでした。

外からの目を

よく町おこしに欠かせないものとして、「ワカモノ、バカモノ、ハグレモノ」が挙げられます。その町に古くから住んでいる人が、自分の町のよさを改めて認識するのは難しい。いままでとは違った目で見ることのできる人となれば、若者、ばか者、はぐれもの（あるいは余所者）が必要になってくるというわけです。

いま地方でおらが町の魅力を見つけるために、外国人をアドバイザーにしているところがあります。ただの山あいの田圃となだらかな丘陵にしか見えない風景が、異国の人の目にかかると、別の価値を放ち始めるのです。

東京郊外のただの小高い山にしか見えなかった高尾山が、外国人にはエキゾチックに見えるらしく、大変な人気スポットになり、今度はその評判を聞いた日本人観光客がこぞって訪れるようになりました。

団体客の激減で青息吐息の観光地の旅館でも、外国人の目で点検し直して、サービスのあり方を変える試みを行っています。

若者、ばか者、はぐれもの——いずれも越境のエネルギーを持った人たちばかりです。この人たちは、簡単に越境します。この人たちが未知の領域に進むおかげで、未来が拓《ひら》けるのです。

おわりに

組織の中で働いていると、不愉快なことも多いものです。とりわけ「左遷」は、その最たるものでしょう。

でも、これも考え方ひとつです。これまで通りの組織人生を歩んでいたら、決して経験することのできなかった環境に身を置くことができるのですから。それまで所属していた部や課を外から見る。会社そのものを外部の目で見る。これまで見えていなかったものが、突然現れるのです。なかなかのスリルです。

人生百年時代。長い人生を、たったひとつの組織に捧げる必要はありません。「左遷」の結果、別の人生が開ける。いろいろな経験を積むことができると捉えればいいでしょう。

人事というのは、他人がよく見ているものです。本人が「左遷」だと思い込んで腐ってしまうと、「その程度の人間なのだ」と判断されてしまいます。先がなくなります。

一方、めげることなく新しい仕事に取り組むと、再評価され、本社に復帰というのも、よくあるパターンです。

人生では、さまざまな場面で高い壁に行く手を阻まれることがあります。そんなとき、真正面の壁を越えるのではなく、真横に移動することで、壁のない道が見つかることもあります。これを私は「越境」と名付けました。

人生の越境ばかりでなく、「知の越境」というのもあるはずです。専門分野に閉じこもることなく、さまざまなジャンルに飛び込んでいく。いわゆる「専門家」ではない視点から、新しい発見も生まれるはずです。

これからの人生、真正面ばかりを見ていないで、たまには横や斜めを見ながら進んで行きませんか。この本がそのヒントになれば幸いです。

光文社の編集者の古川遊也さんが、「新書を書きませんか」と声をかけてくださってから実際に執筆にとりかかるまで、長い時間が経過しました。

本にまとめるに当たっては、木村隆司さんにお世話になりました。古川さん、木村さんと何度も話し合っているうちに、「越境」というキーワードが誕生しました。

結局、それからも時間がかかり、さらにお待たせすることになってしまいました。

本書をお読みになったあなたに、「ちょっと越境してみようか」と思っていただけたなら幸いです。

２０１８年６月

ジャーナリスト　池上　彰

池上彰（いけがみあきら）

フリージャーナリスト。名城大学教授。1950年、長野県松本市生まれ。慶應義塾大学卒業後、'73年にNHK入局。松江放送局、呉通信部で自治体・警察・裁判所・日銀支店を担当し、地方において国家・社会の縮図を見る。'76年のロッキード事件では松江から取材に参加。'79年より東京に移り、社会部で警視庁・気象庁・文部省・宮内庁を担当。積極的に現場に入り、日航機事故も取材。'94年より、「週刊こどもニュース」のキャスター（お父さん役）として国民的人気を得る。2005年よりフリーに。名城大学のほかに、東京工業大学、立教大学、愛知学院大学、信州大学、日本大学、順天堂大学で教鞭を執る。

知《ち》の越境法《えっきょうほう》 「質問力《しつもんりょく》」を磨《みが》く

2018年6月20日初版1刷発行

著者 ── 池上彰

発行者 ── 田邉浩司

装幀 ── アラン・チャン

印刷所 ── 堀内印刷

製本所 ── フォーネット社

発行所 ── 株式会社光文社
東京都文京区音羽1-16-6(〒112-8011)
https://www.kobunsha.com/

電話 ── 編集部03(5395)8289 書籍販売部03(5395)8116
業務部03(5395)8125

メール ── sinsyo@kobunsha.com

ISBN 978-4-334-04359-9

930
メルケルと右傾化するドイツ
三好範英

メルケルは世界の救世主か？　破壊者か？　メルケルの生涯と業績をたどり、その強さの秘密と危機をもたらす構造を分析する。山本七平賞特別賞を受賞した著者による画期的な論考。

978-4-334-04336-0

931
常勝投資家が予測する日本の未来
玉川陽介

空き家問題、人工知能によってなくなる仕事、新たな基幹産業、国策バブルの着地点――。「金融経済」「情報技術」「社会システム」の観点から「2025年の日本」の姿を描き出す。

978-4-334-04337-7

932
誤解だらけの人工知能
ディープラーニングの限界と可能性
田中潤　松本健太郎

人工知能の研究開発者が語る、第3次人工知能ブームの終焉の可能性と、ディダクション（演繹法）による第4次人工知能ブームの幕開け。人工知能の未来を正しく理解できる決定版！

978-4-334-04338-4

933
社会をつくる「物語」の力
学者と作家の創造的対話
木村草太　新城カズマ

AI、宇宙探査、核戦争の恐怖…現代で起こる事象の全ては「フィクション」が先取りし、世界を変えてきた。憲法学者とSF作家が、現実と創作の関係を軸に来るべき社会を描く。

978-4-334-04339-1

934
「女性活躍」に翻弄される人びと
奥田祥子

女の生き方は時代によって左右される――。人びとの等身大の本音を十数年に及ぶ定点観測ルポで掬い上げ、「女性活躍」推進のジレンマの本質を解き明かし、解決策を考える。

978-4-334-04340-7

935
検証 検察庁の近現代史
倉山満

国民の生活に最も密着した権力である司法権。警察を上回る権限を持つ検察とはいかなる組織なのか。注目の憲政史家が、一つの官庁の歴史を通して日本の近現代史を描く渾身の一冊。

978-4-334-04341-4

936
最強の栄養療法「オーソモレキュラー」入門
溝口徹

がん、うつ、アレルギー、発達障害、不妊、慢性疲労… etc. 全ての不調を根本から改善し、未来の自分を変える「食事と栄養素の力」とは。日本の第一人者が自身や患者の症例を交え解説。

978-4-334-04342-1

937
住みたいまちランキングの罠
大原瞠

便利なまち、「子育てしやすい」をアピールするまち、イメージのよいまち、ランキング上位の住みたいまちは、本当に住みやすいのか？ これまでにない、まち選びの視点を提示。

978-4-334-04343-8

938
空気の検閲
大日本帝国の表現規制
辻田真佐憲

エロ・グロ・ナンセンスから日中戦争・太平洋戦争時代まで、大日本帝国期の資料を丹念に追いながら、一言では言い尽くせない、摩訶不思議な検閲の世界に迫っていく。

978-4-334-04344-5

939
藤井聡太はＡＩに勝てるか？
松本博文

コンピュータが名人を破り、今や人間を超えた。しかし藤井はじめ天才は必ず現れ、歴史を着実に塗り替えていく。奇蹟の中学生とコンピュータの進化で揺れる棋界の最前線を追う。

978-4-334-04345-2

940
ＡＩ時代の新・ベーシックインカム論
井上智洋

未来社会は「脱労働社会」――。ベーシックインカムとは何か。財源はどうするのか。現行の貨幣制度の欠陥とは。導入最大の壁とは。ＡＩと経済学の関係を研究するパイオニアが考察。

978-4-334-04346-9

941
素人力
エンタメビジネスのトリック?!
長坂信人

「長坂信人を嫌いだと言う人に会った事がない」――秋元康氏。超個性的なメンバーを束ねる制作会社オフィスクレッシェンド代表による仕事術、経営術とは？　堤幸彦監督との対談も収録。

978-4-334-04347-6

942
東大生となった君へ
真のエリートへの道
田坂広志

東大卒の半分が失業する時代が来る。その前に何を身につけるべきか？　高学歴だけでは活躍できない。論理思考と専門知識が価値を失う「人工知能革命」の荒波を、どう越えていくか？

978-4-334-04348-3

943
グルメぎらい
柏井壽

おまかせ料理ではなくお仕着せ料理、味よりもインスタ映え、料理人と馴れ合うブロガー。今のグルメ事情はどこかおかしい――。二十五年以上食を語ってきた著者による、覚悟の書。

978-4-334-04349-0

944
働く女の腹の底
多様化する生き方・考え方
博報堂キャリジョ研

今の働く女性たちは何を考え、どう生きているのか？「キャリア（職業）を持つ女性」＝通称「キャリジョ」を徹底分析。多様化する、現代を生きる女性たちのリアルに迫る。

978-4-334-04350-6

945
日本の分断
切り離される非大卒若者《レッグス》たち
吉川徹

団塊世代の退出後、見えてくるのは新たな分断社会の姿だった——。計量社会学者が最新の社会調査データを元に描き出す近未来の日本。社会を支える現役世代の意識と分断の実態。

978-4-334-04351-3

946
日本サッカー辛航紀
愛と憎しみの100年史
佐山一郎

「日本社会」において「サッカー」とは何だったのか。一九二一年の第一回「天皇杯」から、二〇一八年のロシアW杯出場までおおよそ一世紀を、貴重な文献とともに振り返る。

978-4-334-04352-0

947
非正規・単身・アラフォー女性
「失われた世代」の絶望と希望
雨宮処凛

「失われた二〇年」とともに生きてきた受難の世代——。仕事・お金・介護・孤独……。現代アラフォー女性たちの「証言」から何が見えるのか。ライター・栗田隆子氏との対談を収録。

978-4-334-04353-7

948
天皇と儒教思想
伝統はいかに創られたのか？
小島毅

「日本」の国名と「天皇」が誕生した八世紀、そして近代天皇制に生まれ変わった十九世紀、いずれも思想資源として用いられたのは儒教だった。新しい「伝統」はいかに創られたか？

978-4-334-04354-4

949
デザインが日本を変える
日本人の美意識を取り戻す
前田育男

個性と普遍性の同時追求、生命感の表現、匠技への敬意。経営危機の自動車会社を世界一にしたデザイン部長の勝利哲学。新興国との競争で生き残るには、一つ上のブランドを目指せ！

978-4-334-04355-1

光文社新書

950
さらば、GG資本主義
投資家が日本の未来を信じている理由
藤野英人

ドン詰まりの高齢化日本に、ついにさまざまな立場から変化の兆しが見えてきた。金融庁の改革、台頭する新世代の若者たち……etc. 現代最強の投資家が語る、日本の新たな可能性。

978-4-334-04356-8

951
人生後半の幸福論
50のチェックリストで自分を見直す
齋藤孝

40代、50代は人生のハーフタイム。今、立て直せばあなたは必ず幸せになれる。人生100年時代、75歳までを人生の黄金期にするための方法をチェックリスト形式で楽しくご案内！

978-4-334-04357-5

952
日本人はなぜ臭いと言われるのか
体臭と口臭の科学
桐村里紗

「におい」は体の危機を知らせるシグナル。体臭・口臭に気付き改善することは根本的な健康増進につながる。におい物質と嗅覚や脳の関係、体臭をコントロールする方法なども紹介。

978-4-334-04358-2

953
知の越境法
「質問力」を磨く
池上彰

森羅万象を嚙み砕いて解説し、選挙後の政治家への突撃取材でお馴染みの池上彰。その活躍は〝左遷〟から始まった。領域を跨いで学び続ける著者が、一般読者向けにその効用を説く。

978-4-334-04359-9

954
警備ビジネスで読み解く日本
田中智仁

警備ビジネスは社会を映す鏡――。私たちは、あらゆる場所で警備員を目にしている。だが、その実態を知っているだろうか？「社会のインフラ」を通して現代日本の実相を描き出す。

978-4-334-04360-5